Arbeitste

Deutsch...
zu zwei Weltkriegen

Für die Sekundarstufe
herausgegeben von
Werner Klose

Philipp Reclam jun. Stuttgart

Universal-Bibliothek Nr. 9581
Alle Rechte vorbehalten
© 1984 Philipp Reclam jun. GmbH & Co., Stuttgart
Gesamtherstellung: Reclam, Ditzingen. Printed in Germany 1994
RECLAM und UNIVERSAL-BIBLIOTHEK sind eingetragene
Warenzeichen der Philipp Reclam jun. GmbH & Co., Stuttgart
ISBN 3-15-009581-6

Inhalt

I. Deutsche Kriegsliteratur zum Ersten Weltkrieg 1914–18

Einführung

Der Zeitgenosse versteht sich als Augenzeuge der Zeitereignisse. Aber was sieht er? Hat er verstanden, was er gesehen hat? Und findet er für seine Erfahrungen und Einsichten die angemessene Sprache?

Dr. phil. Walter Flex, Kriegsfreiwilliger, Leutnant der Reserve, erlebte den Ersten Weltkrieg, dessen Opfer er 1917 wurde, nicht wie so viele andere als Jugendlicher. Er war ein reifer, gebildeter Mann, Sohn eines Gymnasialprofessors, aufgewachsen in der Tradition der deutschen Klassik, deren Werke er kannte und deren Sprache er in eigenen Gedichten und Erzählungen sprach. Aber gerade diese Art der Bildungstradition des deutschen Bürgerhauses im Kaiserreich hatte ihren Anteil daran, daß er den Krieg, in dem er als Offizier kämpfte und fiel, nicht verstand. Daß man ihn als »Theodor Körner des Weltkrieges« rühmte, war lobend gemeint. Aber der Vergleich trifft nur im negativen Sinne zu: Dr. Flex kämpfte und schrieb, als handle es sich noch um den Freiheitskrieg gegen Napoleon, der deutsche Studenten und Professoren aus den Hörsälen in das Feldlager der Lützower Jäger zog. Dr. Flex, ein kurzsichtiger Brillenträger in der Uniform eines Infanterieleutnants, starb ähnlich wie Theodor Körner auf einem Nebenkriegsschauplatz einen unheroischen Tod. Mit gezogenem Degen ritt Flex gegen versprengte russische Infanteristen an, die ihn erschrocken vom Pferde schossen. Entsprechend verkennt Flex in seiner Kriegsdichtung die neue Dimension des modernen Krieges. Er sieht den Krieg historisch falsch und bleibt in der Sprache, die Kriege vor den Weltkriegen des 20. Jahrhunderts beschrieb.

Der Leutnant Ernst Jünger ist 1918 als Stoßtruppführer der Infanterie an der Westfront 23 Jahre alt geworden. Vom

Vater her nicht wie Flex philologisch-philosophisch, sondern eher naturwissenschaftlich gebildet, erkennt er das neue Kriegsbild. Er beschreibt als präziser Beobachter mit analytischer Kälte. In den Kriegsfreiwilligen, die 1914 gegen englische Maschinengewehre vor Langemarck anstürmten und fielen, »das Deutschlandlied auf den Lippen«, sah er die bildungsbürgerliche Jugend anachronistisch verbluten. Diese Freiwilligen starben wie Walter Flex in der Pose des idealistischen »Heldentodes«. Flex und die Kriegsfreiwilligen wurden von einer jugendbewegten Nachkriegsjugend und noch in der Blutmystik der Hitlerjugend-Ideologie des Zweiten Weltkrieges gefeiert.

Im Streit um Ernst Jünger, zuletzt aus Anlaß der Verleihung des Frankfurter Goethe-Preises 1982, wird übersehen, daß dieser junge Leutnant schon 1920 und danach in der frühen Phase seiner Kriegsschriften fast als einziger die neue Dimension des technischen Krieges zwischen mobilisierten Massengesellschaften nicht nur begriff, sondern auch als militärisch hochqualifizierter Fachmann richtig beschrieb. Die Kritik an Jünger setzt ahistorisch falsch an, wenn sie ihm verübelt, daß er diese Erfahrungen machte und darstellte. Jünger aber blieb nicht der nüchterne Analytiker, sondern seine Erfahrungen und Beobachtungen faszinierten ihn. Der Krieg ist das Schlachtfeld des »Arbeiters«, des modernen Technikers und Kriegers in den Massenheeren, der sich trotz der Technik und mit Hilfe der Technik in »Stahlgewittern« bewährt. Diese Ideologie des »heroischen Nihilismus« ist für die intellektuelle Jugend zwischen den Weltkriegen ungleich gefährlicher geworden als der Kriegskitsch nationaler Autoren. Denn mit der realistischen Analyse verbindet sich bei Jünger ästhetisches Raffinement der Darstellung.

Zu Walter Flex, der anders als Jünger den Krieg verherrlicht und dabei einen ganz anderen Krieg meint, treten Autoren wie Ernst Wiechert. Er sieht im Kriege, durchaus mit Trauer und mit humanem Verständnis für das Leiden, die Zeit ernster Bewährung und tiefster menschlicher

Erfahrungen in der Konfrontation jungen Lebens mit dem Tode.

In den politischen Krisenjahren ab 1929 überschwemmte den Buchmarkt eine Flut von Kriegsliteratur, die wie Wehner und Ettighoffer im »Kriegserlebnis« der »Frontgeneration« den »Opfergang« fürs Vaterland verherrlichte. Diese nationalistische Militärprosa bezeugt sich in Titeln wie *Sperrfeuer um Deutschland* (Beumelburg) oder *Der Glaube an Deutschland* (Zöberlein) und unterstellt wie Hitler in *Mein Kampf,* daß sich die Frontsoldaten vier Jahre lang in nationaler Hochstimmung in den Schützengräben gehalten hätten.

Aber keineswegs alle »Frontromane« sind nationalistisch: Der realistische und allein dadurch kritische Kriegsroman, den Remarques *Im Westen nichts Neues* als erfolgreichstes Beispiel vertritt, gibt am ehesten das Kriegserlebnis des einfachen Soldaten wieder. Pazifistische Kritiker sahen jedoch auch bei Remarque und vergleichbaren Autoren noch Reste einer Kriegsheroisierung im Preis der Kameradschaft, der Gruppengemeinschaft, der Pflichterfüllung trotz fehlender Begeisterung und im Bewußtsein des Soldatenelends.

Hier setzen, ebenfalls um 1930, die Kriegsromane von Theodor Plievier, Arnold Zweig und anderen kritisch an. Plievier stellt sich hinter die geschundenen Heizer und Matrosen der Kriegsmarine. Er beschreibt den Krieg aus der Sicht der sozial benachteiligten Soldaten der Unterschicht, bekennt sich zu Kritik, Auflehnung, Verweigerung und Revolution, um in der Herbeiführung des Kriegsendes zugleich die Verhältnisse zu beseitigen, die den Krieg verschuldet hatten.

Arnold Zweig wiederum beweist die Verformung und Zerstörung der Menschlichkeit am Schicksal des russischen Sergeanten Grischa, der in die Kriegsgerichtsbürokratie der deutschen Besatzungsmacht hinter der Ostfront gerät. In einem weiten epischen Szenarium demaskiert Zweig die Unmenschlichkeit des Krieges. Zweigs Romanhandlung spart die Front fast ganz aus. Indem er die Handlung im

Zwielicht des Zwischenlandes, das Front und Heimat als »Etappe« trennt und zugleich verbindet, spielen läßt, können in die Männerwelt des Krieges auch Nichtsoldaten, können auch Frauen und Kinder einbezogen werden.

Der im Schatten Remarques nur kurz erfolgreiche, dann durch die NS-Diktatur verbotene Roman *Heeresbericht* von Edlef Köppen montiert fiktional-romanhaftes und dokumentarisch-sachliches Textmaterial zu einer Reihe episodenhafter Collagen, die sich chronologisch an zitierten Teilen der deutschen Heeresberichte orientieren. Wie in vielen Kriegsromanen geben allein Lazarettaufenthalt und Heimaturlaub dem Erzähler die Möglichkeit, den Krieg nicht nur von der Front her, nicht nur vom Soldaten aus darzustellen. Allerdings bleibt typisch, daß der Soldat sowohl nationalistischer als auch realistischer Autoren als Fremdling in der Heimat auftritt, wo man ihn nicht verstehen kann oder will. Im Ersten Weltkrieg unterscheidet man Front, Etappe und Heimat mit kritischer Schärfe, oft in einseitiger Heroisierung des »Fronterlebnisses«. Köppen will dagegen die Entstellung des Menschlichen, die Demoralisierung der Gesellschaft im Krieg auch am Beispiel der Heimat zeigen.

Arnold Zweig beschreibt, wie die Frauen im Dienst der Männerwelt nur mitleiden dürfen, sich aber im Gegensatz zu den Soldaten die kreatürliche Kraft der Geliebten, der Frau und der Mutter bewahren. Köppen bezweifelt, ob die Frauen unangefochten durch den Krieg gehen können. Der Kriegsroman als Frauenroman (Meta Scheele) zeigt, trotz aller Unzulänglichkeit der literarischen Mittel, daß schon der Erste Weltkrieg die Emanzipation der Frauen voranbrachte, weil die Männerwelt des Krieges ohne die Mithilfe der Frauen gar nicht möglich gewesen wäre. Die Frauen leben in dem Zwiespalt, daß ihr »Dienst« ihnen ernsthafte Aufgaben gibt, sie in berufliche Selbstverantwortung führt, obwohl sie dadurch den Männerkrieg verlängern helfen. Erst der verlorene Weltkrieg und die neue Staatsverfassung werden den Frauen das Wahlrecht bringen. Nach beiden Weltkriegen zeigt sich jedoch, daß die Frau auch als Mutter, als Ehefrau tiefere Einsicht und stärkere Lebenskraft beweist. Im Frontroman als Heroen der Schlachtfelder gefeiert, erscheinen die heimkehrenden Männer häufig schwach und haltlos, während die Frau sich in den Verheerungen des Männerkrieges behauptet.

Die Verflechtung des Zivilen mit dem Militärischen zeigen aus unterschiedlicher Sicht Glaeser, Wiechert, Scheele, Zweig und Köppen. Im »Frontroman« interpretieren die Autoren ihr Kriegserlebnis: Jünger, Ettighoffer, Remarque. Köppen und Zweig wiederum versuchen, ein Gesamtbild des Krieges entweder in der Episodenmontage oder in der Konzentration auf ein Einzelschicksal mit reich verzweigten Nebenhandlungen zu geben.

In dieser vielstimmigen Auseinandersetzung wird die junge Avantgarde des literarischen Expressionismus hörbar als Klage, als Anklage und Schrei der Verzweiflung.

Georg Heyms Gedicht *Der Krieg* leitet unsere Sammlung ein. Der junge Lyriker zitiert biblische Katastrophen und sieht in ihnen Dresden, Hiroshima und Nagasaki voraus. Aber wo Heym noch Trauer und Schwermut in schönen Bildern bei strenger Komposition des Gedichts stilisiert, zersprengt die leidenschaftliche Empörung Ehrensteins in seinen Essays gegen den Krieg, mit der der erste Teil der Sammlung endet, auch die Sprache. Die Expressionisten sind Pazifisten, sie wollen den neuen Menschen, sie glauben an die reinigende Kraft von Anarchie und Revolution, und darüber verlieren sie oftmals die Realität und sprechen eine Sprache, die aus der Wirklichkeit flieht in die verworrene Egozentrik der emotionalen Agitation. Der Aufschrei kann in der Diskussion um Krieg und Frieden wohl das Nachdenken auslösen, aber nicht ersetzen.

Wie ist mit diesen Zeugnissen deutscher Kriegsliteratur zum Ersten Weltkrieg zu arbeiten?

Es ist sinnvoll, sie in der 9. und 10. Jahrgangsstufe erstmals einzusetzen, weil dort vom Lehrplan her der Literaturunterricht den Geschichtsunterricht begleiten kann. Die Texte sind auch, mit Hilfe der Anmerkungen, in Einzellektüre verständlich und regen an, noch verfügbare Kriegsliteratur genauer zu lesen (Jünger, Remarque, Plievier, Zweig, Köppen).

Ein Literaturkurs in Seminar und Studienstufe kann wiederum die Vielstimmigkeit des Zeitgeistes und den Kontext der geschichtlichen Situation, die zu beiden Weltkriegen führte, am »Krieg« als Stoff und Thema, aber auch die Prägung des literarischen Stils durch den Krieg erarbeiten.

Schon der Erste Weltkrieg wurde in allen Medien zum Thema der Literatur: Erzählbuch, Sachbuch, Schauspiel, Hörspiel und Spielfilm vermittelten das »Kriegserlebnis« einer ganzen Generation. Im Krieg selbst wurde Literatur im Medium von Agitation und Propaganda zur Waffe im Dienst einer »totalen Mobilmachung« der Massen.

So wäre als mehrmediale Unterrichtseinheit denkbar:

1. *Deutsche Kriegsliteratur zu zwei Weltkriegen* als Einstieg und Überblick.
2. Erich Maria Remarque: *Im Westen nichts Neues* als Ganzschrift. (Ullstein Buch 56.)
3. Die Verfilmung dieses Romans.
4. Ernst Johannsen: *Brigadevermittlung*. Hörspiel. (Reclams UB Nr. 8778.)
5. Reinhard Goering: *Seeschlacht*. Schauspiel. (Reclams UB Nr. 9357.)
6. German Werth: *Verdun. Die Schlacht und der Mythos*. (Bastei-Lübbe-Taschenbuch 65 041.)
7. Kriegspropaganda (Flugblatt, Plakat, Kampfschrift; nach Materialien z. B. im Geschichtsbuch).

1. Georg Heym: Der Krieg (1911)

Aufgestanden ist er, welcher lange schlief,
Aufgestanden unten aus Gewölben tief.
In der Dämmrung steht er, groß und unbekannt,
Und den Mond zerdrückt er in der schwarzen Hand.

In den Abendlärm der Städte fällt es weit,
Frost und Schatten einer fremden Dunkelheit.
Und der Märkte runder Wirbel stockt zu Eis.
Es wird still. Sie sehn sich um. Und keiner weiß.

In den Gassen faßt es ihre Schulter leicht.
Eine Frage. Keine Antwort. Ein Gesicht erbleicht.
In der Ferne zittert ein Geläute dünn,
Und die Bärte zittern um ihr spitzes Kinn.

Auf den Bergen hebt er schon zu tanzen an,
Und er schreit: Ihr Krieger alle, auf und an!
Und es schallet, wenn das schwarze Haupt er schwenkt,
Drum von tausend Schädeln laute Kette hängt.

Einem Turm gleich tritt er aus die letzte Glut,
Wo der Tag flieht, sind die Ströme schon voll Blut.
Zahllos sind die Leichen schon im Schilf gestreckt,
Von des Todes starken Vögeln weiß bedeckt.

In die Nacht er jagt das Feuer querfeldein,
Einen roten Hund mit wilder Mäuler Schrein.
Aus dem Dunkel springt der Nächte schwarze Welt,
Von Vulkanen furchtbar ist ihr Rand erhellt.

Und mit tausend hohen Zipfelmützen weit
Sind die finstren Ebnen flackernd überstreut,
Und was unten auf den Straßen wimmelnd flieht,
Stößt er in die Feuerwälder, wo die Flamme brausend zieht.

Und die Flammen fressen brennend Wald um Wald,
Gelbe Fledermäuse, zackig in das Laub gekrallt,
Seine Stange haut er wie ein Köhlerknecht
In die Bäume, daß das Feuer brause recht.

Eine große Stadt versank in gelbem Rauch,
Warf sich lautlos in des Abgrunds Bauch.

Aber riesig über glühnden Trümmern steht,
Der in wilde Himmel dreimal seine Fackel dreht

Über sturmzerfetzter Wolken Widerschein,
In des toten Dunkels kalten Wüstenein,
Daß er mit dem Brande weit die Nacht verdorr,
Pech und Feuer träufet unten auf Gomorrh.

2. Ernst Glaeser: Das Schützenfest

Wir reisten noch in der gleichen Nacht. Der Leckerlionkel
besorgte uns einen Wagen, er begleitete uns bis Solothurn.
Unterwegs erzählte er, daß alles sehr überraschend gekommen wäre, niemand wisse, wer eigentlich schuld daran sei.
Wahrscheinlich jene, die den Krieg verlieren, das sei immer
so. Meine Mutter schwieg. Ich dachte an Gaston und machte
die Augen zu.

In Solothurn verabschiedete sich der Leckerlionkel. Er
mußte in die Berge zurück, um mit den Offizieren, mit
denen er angeritten war, den Grenzschutz zu organisieren.
Er freute sich sehr auf diese Zeit. Er war ein begeisterter
Bergsteiger und ein warmer Naturfreund.

Als wir in den Zug stiegen, behauptete der Gepäckträger,
dem meine Mutter ein gutes Trinkgeld gegeben hatte,
Deutschland würde bestimmt siegen. Auf dem Perron stand
eine Gruppe Österreicher, die in der Westschweiz als Kellner gearbeitet hatten und jetzt begeistert in ihr Vaterland
fuhren, um es an den Serben zu rächen. Sie sangen: »Gott
erhalte Franz den Kaiser«, und hatten die Röcke ausgezogen. Endlich ginge es los, riefen sie. Sie meinten damit nicht
den Zug, der gerade anfuhr, sondern den Krieg.

In unserem Abteil saß ein älterer Herr. Er begann sofort mit
uns zu reden, als seien wir gute Bekannte von ihm. Auf der
Rückseite seiner Hotelrechnung hatte er die Kriegsstärke der
europäischen Armeen addiert und gegeneinander abgewo-

gen. Er verglich die beiden Salden und sagte zu meiner Mutter, der Geist der deutschen Truppen mache die ziffernmäßige Überlegenheit der Russen wett. Denn in diesem Kriege entscheide allein der Geist und Deutschlands Geist sei der beste Europas. Er wisse das als Universitätsprofessor, unsere Jugend sei schwertbereit und voller Ideale. Endlich sei die Stunde gekommen, wo unser Volk seine große Weltsendung antreten könne. Er selbst sei schon fast verzweifelt gewesen über den krassen Materialismus der letzten Jahre – besonders in den unteren Volksschichten – endlich habe das Leben wieder einen idealen Sinn. Die großen Tugenden der Menschheit, die in Deutschland ihren letzten Hort hätten – Treue, Vaterlandsliebe, Todesbereitschaft für eine Idee, triumphierten jetzt über den Händler- und Krämergeist. Der Krieg sei der rettende Blitz, der die Atmosphäre reinige, aus ihr entstiege ein neues deutsches Volk, dessen Sieg die Menschheit vor Verflachung, Vertierung im Materiellen, westlicher Demokratie und falscher Gefühlsduselei rette. Er sähe eine neue Welt, den Adelsmenschen herrschen und gebieten, der alle Degeneration ausrotte und die Menschheit wieder in die Firnhöhe ewiger Ideale zurückführe. Wer zu schwach sei, bleibe auf der Strecke. Der Krieg säubere die Menschheit von schlechten Stoffen. Siegfried gehöre die Zukunft, in diesem Krieg würde Hagen erschlagen.

Der Professor sprach sehr leise, in den scharfen Gläsern seiner Brille brach sich das Licht. Meine Mutter, die ihm gegenübersaß, hörte aufmerksam zu. Viele seiner Worte formte sie mit ihren Lippen nach. Zum erstenmal begann sie sich für den Krieg zu interessieren. Vielleicht weil der Mann ein Universitätsprofessor war, vielleicht weil alles, was er sagte, so gescheit klang, vielleicht weil diese Auffassung mit Politik nichts zu tun hatte – jedenfalls war sie, als der Professor einen gewaltigen Aufschwung der Kunst durch den Krieg prophezeite, kurz vor Basel seiner Logik erlegen. Sie glaubte an den Krieg wie an einen neuen Dichter. Als wir im Bundesbahnhof ausstiegen, sagte sie mir, eine große Zeit stände bevor.

Der Professor ging neben uns her. Sein Gesicht war grau und von unregelmäßigen Haaren überwachsen. Seine Schultern schwach und nach oben gezogen. Sehr oft schnalzte er mit der Zunge zwischen den Zähnen, als habe er dort unangenehme Fleischstückchen sitzen. Er hinkte. Ich begriff seine Begeisterung für Siegfried nicht.

Als er sich meiner Mutter vorstellte, sagte sie mir leise, er sei ein berühmter Mann. Ich mußte ihm den Koffer tragen.

Der Wartesaal war überfüllt. Von Hand zu Hand ging ein Telegramm: Die deutsche Kriegserklärung an Rußland. Wegen der Brüder in Österreich.

Die »Wacht am Rhein« wurde gesungen und das Flaggenlied. Der Professor sang mit, auch meine Mutter. Ich hatte Angst vor so viel Fröhlichkeit, denn ich mußte immer noch an Gaston denken. Wenn Gaston hier gewesen wäre, hätte ich gern mitgesungen.

»Sehen Sie das Volk«, sagte der Professor zu meiner Mutter, »wie es begeistert ist und einig unter sich. Rechtfertigt das allein nicht schon den Krieg?« Er deutete auf den Wartesaal, der von Gesang und lauten Gesprächen dröhnte. Die Menschen riefen sich »Bruder« zu, obwohl sich wenige kannten, gaben sich alle die Hand. Es waren viele Arbeiter darunter. Man erkannte sie an ihren Mützen. Sie kamen aus der Schweiz, aus Italien, aus Frankreich, wo sie auf Montage gearbeitet hatten. Sie zogen von Tisch zu Tisch und verbrüderten sich mit den Bürgern, die aus der Sommerfrische kamen. In einer Ecke saß ein Mann, der jüdisch aussah und zwei ängstliche Töchter bei sich hatte; er bezahlte den Arbeitern dauernd Bier und wenn sie sangen, sang er mit. »Wir sind alle Brüder«, riefen die Arbeiter, der Herr nickte begeistert und zahlte.

»Ist das nicht wundervoll?!« sagte der Professor, »alle Gegensätze heben sich auf!«

Meine Mutter nickte. Sie sprach etwas von einem »Massenerlebnis«.

»Dieser Krieg«, antwortete der Professor, »ist ein ästhetischer Genuß sondergleichen. Zum erstenmal sehe ich die

Volksseele sich entfalten.« Ich saß vor meiner Limonade und dachte immer noch an Gaston. Ob er auch singen wird...?

Es war drei Uhr nachts, als jemand auf einen Tisch sprang und rief, die Grenze sei gesperrt. Ein Geheul, als fühlten sich alle verraten, war die Antwort. »Wir wollen nach Hause! Wir wollen zu unsern Brüdern!« Dann wurde wieder gesungen. Der Professor sagte, er würde zu Fuß über die Grenze marschieren, wenn kein Zug mehr ginge. Was solle er hier in der Schweiz. Sie sei doch neutral.

Als gegen sechs Uhr ein Schweizer Beamter mitteilte, es sei gelungen, einen Zug zusammenzustellen, der in zwanzig Minuten als letzter die Grenze passiere, jubelte der Saal, als führen alle zu einem Fest.

Der Zug wurde gestürmt. Wir verloren den Professor im Trubel. Wir setzten uns auf unsere Koffer in den Gang. Meine Mutter sagte, das schade nichts, jetzt müsse man Opfer bringen. Kurz hinter Basel sahen wir den Rhein. Alle stürzten an die Fenster. Die Männer entblößten ihre Häupter, die Frauen lehnten sich zärtlich an ihre Schultern. So sangen sie feierlich und ernst, wie in der Kirche. Manche hatten Tränen in den Augen. Und die Kinder, die vereinzelt in den Gängen standen, schauten still und verwundert auf die große Feierlichkeit der erwachsenen Menschen.

In Müllheim sahen wir die ersten deutschen Soldaten. Sie trugen neue Uniformen aus graugrünem Tuch, um ihre Helme lag eine Schutzhülle in der gleichen Farbe. Der Bahndamm war militärisch gesichert. Alle hundert Meter stand ein Posten, an den Brücken Patrouillen. Sie wurden stürmisch begrüßt. »Die Wacht am Rhein!« riefen die Frauen und warfen ihnen Obst, Zigaretten und Schokolade zu. Die Soldaten winkten mit den Gewehren, manche dankten mit Kußhänden. Das waren die Offiziere...

Die Dächer der Dörfer waren von Fahnen überweht. Die fruchtbaren Farben Gelb und Rot leuchteten satt und schwer in den zarten Morgen des Markgräflerlands. Sie flatterten auf den Hütten der Weinberge, sie bauschten sich aus den Luken der Kirchtürme, den Speichern der Bauernhäuser, sie belebten die Bahnhöfe, überstrahlten die Schulen und wurden von Kindern geschwungen, die hinter den Barrieren standen und Hurra riefen. Gelb und Rot. Weizen und Mohn. Die Luft schmeckte danach.

Als wir uns Freiburg näherten, sang der ganze Zug. Jeder kannte den anderen. Fremde Menschen teilten sich ihre Brote, tauschten Zigaretten, schenkten ihren Kindern Schokolade. Die Kinder fürchteten sich ein wenig, denn sie hatten noch nie soviel gute Menschen gesehen.

Ich stand neben meiner Mutter am Fenster und wagte mich nicht zu rühren. Ich glaubte zu träumen. Jede Bewegung, dachte ich, zerstört diesen Traum und die Menschen gehen wieder so gleichgültig und feindselig aneinander vorüber wie früher. Ich hielt den Atem an und flehte zu Gott, er möge das Wunder bewahren.

Ich dachte nicht mehr an Gaston. Die Fahnen und der Gesang deckten mich zu. Meine Mutter küßte mich, fremde Männer hoben mich auf ihre Schultern, fremde Frauen schenkten mir Schokolade und strichen mir durchs Haar, junge Mädchen sprachen mit mir, als sei ich ihr Bruder – ich taumelte zwischen der ungewohnten Liebe der Menschen.

Als wir in Freiburg einfuhren, schäumte der Bahnsteig von Stimmen. Studenten in phantastischen Jacken sprangen mit Gesang auf den Zug. Aus den Fenstern küßten sie Mädchen, die ihnen Blumen schenkten. Ältere Herren hatten an ihre Stöcke Fähnchen gebunden und trugen sie übergeschultert. Soldaten, in deren Gewehrläufen Rosensträuße staken, wurden beschenkt, als hätten sie alle Geburtstag. Selbst die Kellner der Bahnhofswirtschaft waren hell im Gesicht und die Schaffner, die die Waggons abliefen, lachten wie gute Onkels.

Gegenüber auf dem Perron stand ein langer roter Transportzug. In den breit geöffneten Türen der Viehwagen hingen wie ein Bündel brauner Früchte lachende runde Soldatengesichter. Die Wagen wogten in Laub und Fahnen, ihre Fronten waren mit Kreide übermalt. In weißen Kleidern und lustigen Rudeln liefen junge Mädchen zu den Soldaten

16

und steckten ihnen Blumen an die Brust. In der Mitte des Zuges vor einem Waggon zweiter Klasse, wo die Offiziere in schönen Uniformen und glänzenden Ledergamaschen auf und ab gingen, spielte eine Militärkapelle flotte Märsche und heitere Volkslieder. Als ein hübscher Soldat eines der weißgekleideten Mädchen um die Hüfte packte und ihm mitten auf den Mund einen lauten Kuß gab, brüllte der ganze Bahnhof Hurra. Dauernd rollten neue Militärzüge ein. Selbst die Kanonen auf den flachen Güterwagen waren mit Blumen und Laub besteckt. An den Abteilen der Offiziere hingen sogar kleine Birken mit sehr bunten Bändern geschmückt, manchmal mit einer Wurst. Alle Menschen lachten, am meisten die Soldaten.

Fuhren sie in die Ferien oder auf eine Kirmes?

Als unser Zug anzog und in sanfter Eile den Bahnhof verließ, intonierte die Musikkapelle: »Deutschland, Deutschland über alles«. Dröhnend fiel die Menge ein, gewölbt wie ein Choral wuchs das Lied in die sonnenklare, von Fahnen jauchzende Luft, alle nahmen die Hüte vom Kopf, die Offiziere griffen elegant an die Mützen, die Soldaten hoben ihre Gewehre, die Mädchen sangen noch heller als ihre Kleider waren, die Studenten reichten sich die Hände, die Frauen legten ihre weichen Arme um die Schultern ihrer Männer, und, je schneller der Zug fuhr, desto lauter dröhnte, um so höher wuchs das Lied. Ich ging unter in diesem Gesang. Ich unterschied nichts mehr. Es war mir, als hätte ich tausend Mütter und tausend Väter . . .

Da neigte sich meine Mutter zu mir herab, berührte mit ihrem Gesicht mein Haar und flüsterte mir mit heißer Zärtlichkeit ins Ohr: »Ist das nicht wundervoll?« Ich umarmte sie. Sie zog mich an sich empor. »Ja«, sagte sie und deutete auf die Menschen, die hell und fröhlich auf den Gängen standen, eng aneinander wie Liebespaare. »Unser gutes deutsches Volk, wie sehr haben wir uns in seiner Seele getäuscht!« Sie weinte. Vorne neben dem Klosett sangen die Studenten: »Kein schönrer Tod ist auf der Welt, als wer vom Feind erschlagen . . .«

Der Zug mündete in die getreideschweren Äcker Badens.
Aus allen Städten und Dörfern stieg Jubel.
Ich war geblendet. Die Welt lag verändert. Der Krieg hatte
sie schön gemacht.

3. Ernst Wiechert: Der Todeskandidat

In der Gymnasialaula einer kleinen östlichen Stadt hängt
unter der Orgelempore eine Ehrentafel für die Toten des
Großen Krieges. Sie hängt dort im Schatten, wie es sich für
Tote gebührt, aber so, daß jeder, der den Raum betritt oder
verläßt, genötigt ist, sie anzublicken. Sie ist aus weißem
Marmor, und aus der breiten Schattenwand, hinter den alten
Holzpfeilern, leuchtet das weiße Viereck so deutlich und
mahnend heraus wie ein Wegweiser oder ein Meilenstein aus
einem dämmernden Walde.
Die Namen sind mit gotischen Buchstaben in die weiße
Fläche eingegraben, und ihre verschlungenen Furchen – sehr
viele Furchen – sind mit einer lichtblauen Farbe getönt, so
daß über dem kalten Weiß ein gleichsam tröstlicher Schim-
mer schwebt. Am untern Rande aber, wo die Namen der
gefallenen Lehrer stehen, ist seit dem Morgen nach der
Einweihung des Totenmals etwas Seltsames zu sehen: ein
goldener Namenszug. Das Gold ist nicht mit dünnen Plätt-
chen hineingefügt in den Stein, nicht fest und starr, sondern
gleichsam hineingehaucht, wie in die Furchen der Walnüsse,
die Kinder unter den Weihnachtsbaum hängen. Es hat etwas
Mattes und Zerbrechliches, und davon kommt es, daß dieser
Name über den andern zu schweben scheint. Daß es ist, als
sei er nicht eingegraben in den harten Stein, sondern als hebe
er sich auf aus ihm als aus einem fremden Element.
Der Name des Toten ist Georgesohn, Oberleutnant Heinrich Georgesohn, gefallen am 17. 10. 1918 vor Le Cateau,
und fünfzehn Jahre vor dem Großen Kriege nannten wir ihn
den Todeskandidaten. Wir waren Tertianer, grausam wie

alle Kinder, und in einer harten Landschaft allen lyrischen Umschreibungen abgeneigt. Georgesohn kam als Probekandidat an unsere Schule, und auf das noch Ungesicherte einer solchen Existenz, wurzellos zwischen Staatsexamen und Anstellung schwebend, stürzte sich die Klasse wie ein Rudel junger Hyänen.

Auch waren wir nicht ohne Erfahrungen in dem Kampf gegen schwache Könige. Wir hatten ein System der gewaltsamen Erkundung ausgebildet, das nicht ungefährlich, aber von unbedingter Zuverlässigkeit war. Da haben wir Jonas, eines Niederungsbauern Sohn, zum vierten Male sitzengeblieben, breit und stämmig wie ein Memelkahn, mit Stimmbruch und deutlichen Anzeichen eines Schnurrbartes. Wir stehen auf, wenn ein Probekandidat zur ersten Stunde bei uns erscheint, langsam, grinsend, lauernd, aber noch ohne Anzeichen von Meuterei. Wir studieren sein Gesicht, seinen Gang, die Bewegung seiner Hände, seine Augen, und bevor er das Katheder erreicht hat, sehen wir einander schon an: wir wissen, was ein Richter zu wissen hat. »Setzt euch!« sagt der Kandidat, oder »Bitte, setzt euch!«, oder »Hinsetzen!« auch das wissen wir vorher. Aber dann bleibt Jonas stehen. Er steht in der vordersten Bank am Fenster, breit und gefährlich, und starrt den Kandidaten an. »Auch du darfst dich setzen«, sagt dieser freundlich, mit einem mißlingenden Versuch der Ironie, während seine Augen schon unruhig über die feindlichen Gesichter fliegen. Aber Jonas bleibt stehen. »Ich bin gelähmt in den Knien«, sagt er mit einer erschreckend tiefen Stimme, »von Kindesbeinen an ... ich muß immer stehen ... den ganzen Vormittag.«

Dies ist der Augenblick der Entscheidung. Niemand atmet in der Klasse, und alle wissen, daß nun der Würfel fällt. Auch der Kandidat. Er begreift es am schnellsten. Da steht das Schicksal, nicht nur dieser Stunde, sondern aller kommenden, ja, vielleicht des ganzen Lebens. Ein breites und stämmiges Schicksal, mit gelähmten Knien und kalten Augen, die furchtlos zur Entscheidung auffordern.

Fast alle scheitern schon an diesem Augenblick. »Wie heißt

du?« fragen sie. »Ich werde mich erkundigen, ob sich das so
verhält. Wenn nicht, dann mußt du bestraft werden ...« Ein
Hohngeheul bricht auf ihn nieder, und Jonas, die Mundwinkel
verächtlich herabgezogen, wendet sich langsam zur Klasse,
hebt die Hand mit zur Erde gekehrtem Daumen und läßt sich
nachlässig in seiner Bank nieder. Das Urteil ist gefällt.

Nur ein einziges Mal in den vier Jahren der Tertien und
Sekunden erlebten wir eine Niederlage. Mit einem Doktor
der Theologie, einem schmalen, blassen Männlein mit einer
blauen Brille vor seinen unsichtbaren Augen. »Von Kindesbeinen an?« wiederholte er lächelnd. »Sieh mal an ...« Und er
ging zu Jonas hinunter, hob ihn aus der Bank heraus, trug den
nun wirklich Gelähmten durch die Klasse und warf ihn gegen
die Tür, daß der Kalk von den Pfosten rieselte. Und als Jonas,
taumelnd und betäubt, sich aufzurichten versuchte, empfing
er ein paar Maulschellen, die sich weit über unsren Erfah-
rungskreis erhoben. »Geheilt!« sagte das Männlein ruhig.
»Hinsetzen!« Erst in der Pause kam Jonas völlig zu sich.
»Allerhand ...«, sagte er, als das Männlein gegangen war.
»Allerhand ...« Aber Georgesohn trug keine blaue Brille. Er
war lang und hager, und seine großen Füße stießen überall an.
Sein Gesicht erschrak bei jedem Laut, und in der ersten
Stunde entdeckten wir, daß er unter dem Katheder seine
Hände faltete. Er errötete, als Jonas von seinen »Kindes-
beinen« erzählte, suchte hilflos und vergeblich eine Wohnung in
unsren kalten Augen und sagte dann leise: »Ja ... ein
schweres Schicksal ... so bleib also stehen, mein Kind ...«
»Mein Kind«, entschied den Fall. »Guten Morgen, mein
Kind«, riefen wir zu Beginn der nächsten Stunde, auf den
Treppen, im Hof, auf der Straße. Er lächelte, demütig,
verloren, und auch wir lächelten, aber es gereichte ihm nicht
zum Troste.

Nun wären wir vielleicht dieses gefährlichen Spiels müde
geworden, wenn nicht von Zeit zu Zeit die Menschenwürde
in dem Kandidaten sich empört hätte. Dann war es, als
zerrisse sein Gesicht und aus den Spalten bräche die Verzweiflung des Tieres heraus. Er schlug in uns hinein, blind

und rasend, mit verstörten Augen, und für eine Stunde beugten wir uns wie Sklaven unter der Peitsche.

Bis Jonas auch dieses bändigte. Beim nächsten Ausbruch, als der kleine Adomeit das erste und fast unschuldige Opfer war, sank er unter Georgesohns Schlägen zusammen, stürzte aus der Bank und lag regungslos auf der Erde. Seine Hände ballten sich, die Füße streckten sich aus, und unter den halbgeschlossenen Lidern erschien, sorgsam geübt, das Weiße des Augapfels. In der Totenstille des Raumes erhob sich Jonas mit den gelähmten Knien, kniete bei dem Liegenden nieder und sagte, ohne die Blicke zu heben: »Sie haben ihn getötet, Herr Kandidat.« Dann drückte er dem Toten die Augen zu, legte ihm die Hände über der Brust zusammen und sprach mit seiner erschreckend tiefen Stimme: »Lasset uns beten!«

Wir sahen Georgesohn an. Ganz tief in unserm Innern erbebte eine verborgene Saite bei diesem ruchlosen Spiel, und es hätte nur eines Wortes von ihm bedurft, um ihn zu unserm geliebten Herrn zu machen. Aber er sprach nicht. Er starrte auf die Gruppe zu seinen Füßen, und keiner von uns wußte, ob er das Spiel durchschaue. Dann plötzlich, mit einem zerbrochenen Laut in seiner Stimme, stürzte er aus der Klasse, und da seine Füße an der letzten Bank hängenblieben, wischte dieser Unfall auch die Verzweiflung aus seinem Bild, und ein brüllendes Gelächter geleitete ihn auf den Gang, über die Treppen, bis in den unbekannten Schlupfwinkel, in dem seine Verstörung sich verbarg.

Von dieser Stunde an hieß er der Todeskandidat. Die Szene wiederholte sich, nicht nur bei uns, sondern in jeder Klasse, in der seine Beherrschung ihn verließ. Mit Variationen gleichsam, aber unverändert im »Gerüst der Handlung«. So lange, bis eines Tages der Direktor die Tür öffnete und vor seinen Füßen ein »Toter« lag. Der Tote wurde erweckt, auf eine unangenehm eindringliche Weise, aber Georgesohn kam nicht wieder. Es hieß, er sei aus dem Amt geschieden, habe die Stadt verlassen und in seinen vorgerückten Jahren das Studium der Theologie begonnen. Seltsam war, daß wir von dem so plötzlich Verschollenen zu sprechen vermieden und daß Jonas' Stellung in der Klasse für lange Zeit erschüttert war, ohne daß ein zureichender Grund angegeben werden konnte.

Ein paar Jahre später verloren wir alle einander schnell aus den Augen, schneller noch aus den Herzen, und der Tag der Einweihung des Ehrenmals war auch der erste, an dem wir uns in der alten Aula wieder zusammenfanden. Die Zeitungen unserer Provinz hatten viele Aufrufe gebracht, um die ehemaligen Lehrer und Schüler zu versammeln, und so sahen wir einander vor der weißen Tafel wieder, soweit der Krieg uns übriggelassen hatte, suchten die alten Namen zusammen, erinnerten uns der Toten und standen dann lange Zeit schweigend, die Augen auf den Namen am unteren Rand der Tafel gerichtet, indes Scham und Bitterkeit uns leise und verstohlen zu erfüllen begannen. Nach dieser Feier geschah es auch, daß Jonas, mit einem leeren Ärmel an seinem grauen Rock, uns aufforderte, am Abend zusammenzukommen, da er uns von dem Toten etwas zu sagen habe. Und so verwandelt hatte sich sein Gesicht seit seinen Kindertagen, daß niemand sich seiner Bitte entzog. Es war eine kleine Weinstube, und wir hatten einen Raum für uns allein. Sechzehn von sechsundvierzig. Als niemand mehr kam, wandte Jonas, an der Schmalseite des Tisches, seine grauen Augen von der Tür zu uns. »Dreißig haben es also wieder gutgemacht...«, sagte er leise, »und den andern will ich es nun erzählen... Wir kamen 1916 zu ihm, an die Somme, Hotop, Jürgen, Adomeit und ich. Von diesem Ersatzbataillon aus, so daß es nicht einmal ein wunderbarer Zufall war.[1] Wir waren Unteroffiziere, alle vier, und wir brachten ihm einen Transport von fünfzig Mann. Wir kamen am Abend an, in der Ruhestellung, und der Feldwebel baute uns auf. Wir standen vor der Front, und es war nicht leicht, dort zu stehen, als er kam. Wir erkannten ihn sofort, alle vier, aber in seinem Gesicht veränderte sich

1. Der Schulort ist gleichzeitig Garnison der Ersatztruppe, von der aus die jungen Unteroffiziere zur Front fahren.

22

nichts. Siebzehn Jahre sind ja eine lange Zeit, aber ich glaube, daß man ein gutes Gedächtnis für seine Henker hat. »Die Namen, bitte«, sagte er ruhig, als er vor uns stand. Sein Gesicht war ganz anders geworden, gewandelt und geformt und geläutert, ein ganz schmales, ja, ein unerschütterliches Gesicht. ›Jonas?‹ wiederholte er. ›Aus welcher Landschaft? … So … ja … dort oben hat man noch biblische Namen …‹ Das war alles. Wir zitterten noch lange nachher, und Hotop wollte um seine Versetzung bitten. Aber dann blieben wir doch. Fremd waren wir, schrecklich fremd. Die alten Leute in der Kompanie wurden nicht müde, von ihm zu erzählen, und wenn sie gewußt hätten, wer wir waren, so hätten sie uns mit ihren Spaten erschlagen … Wir machten vieles zusammen mit ihm durch, aber niemals fiel ein Wort, weder des Tadels, noch des Lobes, noch der Erinnerung.

Bis es Hotop traf. Wir waren zurückgegangen, um eine Aufnahmestellung zu erkunden, er und wir vier. Er hatte uns beim Namen aufgerufen. In einer Mulde traf uns der Feuer-überfall, und Hotop bekam das Sprengstück in die Brust. Er lag da, und Georgesohn kniete neben ihm und hielt ihm den Kopf. ›Nicht verlassen …‹ flüsterte Hotop, ›Herr Kandidat, bitte nicht verlassen …‹ Die Erde brüllte in dem engen Tal, aber jeder von uns hörte die ruhige Stimme ihm Antwort sagen: ›Niemand wird dich verlassen … im dunklen Tal …‹ Und während seine Hand über die Stirn des Sterbenden strich, immer auf und ab, waren seine Augen über uns hinaus in das glühende und schreiende Feld gerichtet, ruhige, trau-rige, unerschütterliche Augen, vor denen wir uns zur Erde warfen, die Stirn in das versengte Gras gepreßt.

Und dann starb Hotop … und dann … ja, dann drückte er ihm die Augen zu und legte ihm die Hände über der zerrissenen Brust zusammen und sah uns an. Wir hatten die Gesichter gehoben, als der Atem still geworden war, und empfingen nun seinen Blick. Einen Blick ohne Frage, ohne Anklage, ohne Erinnerung, einen Blick, der uns zerteilte und durch das Zerteilte bis zu unsren Kindesbeinen fiel. ›Lasset uns beten …‹, sagte er leise, sprach das Vaterunser, stand auf und ging davon, ohne uns anzusehen, durch das Feuer hindurch, nach der Stellung zurück.

Er wurde am gleichen Abend verwundet und kam nicht wieder. Auch Jürgen ist gefallen, und nur Adomeit ist noch da. Er kann es euch bestätigen. Mehr können wir nicht ... keiner von uns ...« Und Jonas stand auf, nickte uns zu und verließ den Raum.

Am nächsten Morgen war das geschehen, was zu Beginn erzählt worden ist: die Vergoldung des toten Namens. Es ist viel darüber gesprochen und geraten und gekämpft worden. Das Kollegium und ein Teil der kleinen Stadt haben auf eine Entfernung der Willkür gedrungen, aber der Direktor hat sich geweigert. Es stehe allen denen zu, hat er gesagt, die auf dieser Tafel stünden, und wenn nur ein einzelner Name von dem Gold des Ruhmes bedeckt worden sei, so könne niemand wissen, ob ihm nicht ein Vielfaches des Erleidens und Sterbens bereitet gewesen sei, sicherlich aber sei ein Vielfaches der Liebe an ihn gewendet worden, und mit der Liebe sei es so, daß auch das Vielfache noch immer hinter dem zurückbleibe, was wir den Toten schuldeten.

4. Erich Maria Remarque: Unteroffizier Himmelstoß

Zu dreien und vieren wurde unsere Klasse über die Korporalschaften verstreut, zusammen mit friesischen Fischern, Bauern, Arbeitern und Handwerkern, mit denen wir uns schnell anfreundeten. Kropp, Müller, Kemmerich und ich kamen zur neunten Korporalschaft, die der Unteroffizier Himmelstoß führte.

Er galt als der schärfste Schinder des Kasernenhofes, und das war sein Stolz. Ein kleiner, untersetzter Kerl, der zwölf Jahre gedient hatte, mit fuchsigem, aufgewirbeltem Schnurrbart, im Zivilberuf Briefträger. Auf Kropp, Tjaden, Westhus und mich hatte er es besonders abgesehen, weil er unsern stillen Trotz spürte.

Ich habe an einem Morgen vierzehnmal sein Bett gebaut. Immer wieder fand er etwas daran auszusetzen und riß es herunter. Ich habe in zwanzigstündiger Arbeit – mit Pausen natürlich – ein Paar uralte, steinharte Stiefel so butterweich geschmiert, daß selbst Himmelstoß nichts mehr daran auszusetzen fand; – ich habe auf seinen Befehl mit einer Zahnbürste die Korporalschaftsstube sauber geschrubbt; – Kropp und ich haben uns mit einer Handbürste und einem Fegeblech an den Auftrag gemacht, den Kasernenhof vom Schnee reinzufegen, und wir hätten durchgehalten bis zum Erfrieren, wenn nicht zufällig ein Leutnant aufgetaucht wäre, der uns fortschickte und Himmelstoß mächtig anschnauzte. Die Folge war leider nur, daß Himmelstoß um so wütender auf uns wurde. Ich habe vier Wochen hintereinander jeden Sonntag Wache geschoben und ebensolange Stubendienst gemacht; – ich habe in vollem Gepäck, mit Gewehr, auf losem, nassem Sturzacker »Sprung auf, marsch, marsch« und »Hinlegen« geübt, bis ich ein Dreckklumpen war und zusammenbrach; – ich habe vier Stunden später Himmelstoß mein tadellos gereinigtes Zeug vorgezeigt, allerdings mit blutig geriebenen Händen; – ich habe mit Kropp, Westhus und Tjaden ohne Handschuhe bei scharfem Frost eine Viertelstunde »Stillgestanden« geübt, die bloßen Finger am eisigen Gewehrlauf, lauernd umschlichen von Himmelstoß, der auf die geringste Bewegung wartete, um ein Vergehen festzustellen; – ich bin nachts um zwei Uhr achtmal im Hemd vom obersten Stock der Kaserne heruntergerannt bis auf den Hof, weil meine Unterhose einige Zentimeter über den Rand des Schemels hinausragte, auf dem jeder seine Sachen aufschichten mußte. Neben mir lief der Unteroffizier vom Dienst, Himmelstoß, und trat mir auf die Zehen. Ich habe beim Bajonettieren ständig mit Himmelstoß fechten müssen, wobei ich ein schweres Eisengestell und er ein handliches Holzgewehr hatte, so daß er mir bequem die Arme braun und blau schlagen konnte; allerdings geriet ich dabei einmal so in Wut, daß ich ihn blindlings überrannte und ihm einen derartigen Stoß vor den Magen gab, daß er umfiel. Als er sich beschweren wollte, lachte ihn der Kompanieführer aus und sagte, er solle doch aufpassen; er kannte seinen Himmelstoß und schien ihm den Reinfall zu gönnen. Ich habe mich zu einem perfekten Kletterer auf die Spinde entwickelt; – ich suchte allmählich auch im Kniebeugen meinen Meister; – wir haben gezittert, wenn wir nur seine Stimme hörten, aber kleingekriegt hat uns dieses wildgewordene Postpferd nicht.

Als Kropp und ich im Barackenlager sonntags an einer Stange die Latrineneimer über den Hof schleppten und Himmelstoß, blitzblank geschniegelt, zum Ausgehen bereit, gerade vorbeikam, sich vor uns hinstellte und fragte, wie uns die Arbeit gefiele, markierten wir ein Stolpern und gossen ihm den Eimer über die Beine. Er tobte, aber das Maß war voll.

»Das setzt Festung«, schrie er.

Kropp hatte genug. »Vorher aber eine Untersuchung, und da werden wir auspacken«, sagte er.

»Wie reden Sie mit einem Unteroffizier!« brüllte Himmelstoß. »Sind Sie verrückt geworden? Warten Sie, bis Sie gefragt werden! Was wollen Sie tun?«

»Über Herrn Unteroffizier auspacken!« sagte Kropp und nahm die Finger an die Hosennaht.

Himmelstoß merkte nun doch, was los war, und schob ohne ein Wort ab. Bevor er verschwand, krakeelte er zwar noch: »Das werde ich euch eintränken« – aber es war vorbei mit seiner Macht. Er versuchte es noch einmal in den Sturzäckern mit »Hinlegen« und »Sprung auf, marsch, marsch«. Wir befolgten zwar jeden Befehl; denn Befehl ist Befehl, er muß ausgeführt werden. Aber wir führten ihn so langsam aus, daß Himmelstoß in Verzweiflung geriet. Gemütlich gingen wir auf die Knie, dann auf die Arme und so fort; inzwischen hatte er schon wütend ein anderes Kommando gegeben. Bevor wir schwitzten, war er heiser.

Er ließ uns dann in Ruhe. Zwar bezeichnete er uns immer noch als Schweinehunde. Aber es lag Achtung darin.

Es gab auch viele anständige Korporale, die vernünftiger

waren; die anständigen waren sogar in der Überzahl. Aber vor allem wollte jeder seinen guten Posten hier in der Heimat solange behalten wie möglich, und das konnte er nur, wenn er stramm mit den Rekruten war. [...]

Das Gerücht ist Wahrheit geworden. Himmelstoß ist da. Gestern ist er erschienen, wir haben seine wohlbekannte Stimme schon gehört. Er soll zu Hause ein paar junge Rekruten zu kräftig im Sturzacker gehabt haben. Ohne daß er es wußte, war der Sohn des Regierungspräsidenten dabei. Das brach ihm das Genick.

Hier wird er sich wundern. Tjaden erörtert seit Stunden alle Möglichkeiten, wie er ihm antworten will. Haie sieht nachdenklich seine große Flosse an und kneift mir ein Auge. [...]

In diesem Augenblick erscheint Himmelstoß. Er kommt direkt auf unsere Gruppe zu. Tjadens Gesicht wird fleckig. Er legt sich längelang ins Gras und schließt die Augen vor Aufregung.

Himmelstoß ist etwas unschlüssig, sein Gang wird langsamer. Dann marschiert er dennoch zu uns heran. Niemand macht Miene, sich zu erheben. Kropp sieht ihm interessiert entgegen.

Er steht jetzt vor uns und wartet. Da keiner etwas sagt, läßt er ein »Na?« vom Stapel.

Ein paar Sekunden verstreichen; Himmelstoß weiß sichtlich nicht, wie er sich benehmen soll. Am liebsten möchte er uns jetzt im Galopp schleifen. Immerhin scheint er schon gelernt zu haben, daß die Front kein Kasernenhof ist. Er versucht es abermals und wendet sich nicht mehr an alle, sondern an einen; er hofft, so leichter Antwort zu erhalten. Kropp ist ihm am nächsten. Ihn beehrt er deshalb. »Na, auch hier?«

Aber Albert ist nicht sein Freund. Er antwortet knapp: »Bißchen länger als Sie, denke ich.«

Der rötliche Schnurrbart zittert. »Ihr kennt mich wohl nicht mehr, was?«

Tjaden schlägt jetzt die Augen auf. »Doch.«

Himmelstoß wendet sich ihm zu: »Das ist doch Tjaden, nicht?«

Tjaden hebt den Kopf. »Und weißt du, was du bist?«

Himmelstoß ist verblüfft. »Seit wann duzen wir uns denn? Wir haben doch noch nicht zusammen im Chausseegraben gelegen.«

Er weiß absolut nichts aus der Situation zu machen. Diese offene Feindseligkeit hat er nicht erwartet. Aber er hütet sich vorläufig; sicher hat ihm jemand den Unsinn von Schüssen in den Rücken vorgeschwätzt.

Tjaden wird auf die Frage nach dem Chausseegraben vor Wut sogar witzig. »Nee, das warst du alleine.«

Jetzt kocht Himmelstoß auch. Tjaden kommt ihm jedoch eilig zuvor. Er muß seinen Spruch loswerden. »Was du bist, willst du wissen? Du bist ein Sauhund, das bist du! Das wollt ich dir schon lange mal sagen.«

Die Genugtuung vieler Monate leuchtet ihm aus den blanken Schweinsaugen, als er den Sauhund hinausschmettert.

Auch Himmelstoß ist nun entfesselt: »Was willst du Mistköter, du dreckiger Torfdeubel? Stehen Sie auf, Knochen zusammen, wenn ein Vorgesetzter mit Ihnen spricht!«

Tjaden winkt großartig. »Sie können rühren, Himmelstoß. Wegtreten.«

Himmelstoß ist ein tobendes Exerzierreglement. Der Kaiser könnte nicht beleidigter sein. Er heult: »Tjaden, ich befehle Ihnen dienstlich: stehen Sie auf!«

»Sonst noch was?« fragt Tjaden.

»Wollen Sie meinem Befehl Folge leisten oder nicht?«

Tjaden erwidert gelassen und abschließend, ohne es zu wissen, mit dem bekanntesten Klassikerzitat. Gleichzeitig lüftet er seine Kehrseite.

Himmelstoß stürmt davon: »Sie kommen vors Kriegsgericht!«

Wir sehen ihn in der Richtung zur Schreibstube verschwinden.

Haie und Tjaden sind ein gewaltiges Torfstechergebrüll. Haie lacht so, daß er sich die Kinnlade ausrenkt und mit offenem Mund plötzlich hilflos dasteht. Albert muß sie ihm mit einem Faustschlag erst wieder einsetzen.

Kat ist besorgt. »Wenn er dich meldet, wird's böse.«

»Meinst du, daß er es tut?« fragt Tjaden.

»Bestimmt«, sage ich.

»Das mindeste, was du kriegst, sind fünf Tage Dicken«, erklärt Kat.

Das erschüttert Tjaden nicht. »Fünf Tage Kahn sind fünf Tage Ruhe.«

»Und wenn du auf Festung kommst?« forscht der gründlichere Müller.

»Dann ist der Krieg für mich so lange aus.«

Tjaden ist ein Sonntagskind. Für ihn gibt es keine Sorgen. Mit Haie und Leer zieht er ab, damit man ihn nicht in der ersten Aufregung findet. [. . .]

In einem Grabenstück sehe ich mich plötzlich Himmelstoß gegenüber. Wir ducken uns in denselben Unterstand. Atemlos liegt alles beieinander und wartet ab, bis der Vorstoß einsetzt.

Obschon ich sehr erregt bin, schießt mir beim Hinauslaufen doch noch ein Gedanke durch den Kopf: Ich sehe Himmelstoß nicht mehr. Rasch springe ich in den Unterstand zurück und finde ihn, wie er in der Ecke liegt mit einem kleinen Streifschuß und den Verwundeten simuliert. Sein Gesicht ist wie verprügelt. Er hat einen Angstkoller, er ist ja auch noch neu hier. Aber es macht mich rasend, daß der junge Ersatz draußen ist und er hier.

»Raus!« fauche ich.

Er rührt sich nicht, die Lippen zittern, der Schnurrbart bebt.

»Raus!« wiederhole ich.

Er zieht die Beine an, drückt sich an die Wand und bleckt die Zähne wie ein Köter.

Ich fasse ihn am Arm und will ihn hochreißen. Er quäkt auf. Da gehen meine Nerven durch. Ich habe ihn am Hals, schüttele ihn wie einen Sack, daß der Kopf hin und her fliegt, und schreie ihm ins Gesicht: »Du Lump, willst du raus – du Hund, du Schinder, du willst dich drücken?« Er verglast, ich schleudere seinen Kopf gegen die Wand. – »Du Vieh« – ich trete ihm in die Rippen –, »du Schwein« – ich stoße ihn vorwärts, mit dem Kopf voran hinaus.

Eine neue Welle von uns kommt gerade vorbei. Ein Leutnant ist dabei. Er sieht uns und ruft: »Vorwärts, vorwärts, anschließen, anschließen –!« Und was meine Prügel nicht vermocht haben, das wirkt dieses Wort. Himmelstoß hört den Vorgesetzten, sieht sich erwachend um und schließt sich an.

Ich folge und sehe ihn springen. Er ist wieder der schneidige Himmelstoß des Kasernenhofes, er hat sogar den Leutnant eingeholt und ist weit voraus.

5. Walter Flex: Der Wanderer zwischen beiden Welten[2]
Ein Kriegserlebnis

Dem Gedächtnis meines lieben Freundes Ernst Wurche
Kriegsfreiwillig im 3. Niederschlesischen Inf. Rgt. 50
Leutnant d. R. im 3. Unterelsässischen Inf. Rgt. 138

Eine stürmische Vorfrühlingsnacht ging durch die kriegswunden Laubwälder Welsch-Lothringens, wo monatelanger Eisenhagel jeden Stamm gezeichnet und zerschroten hatte. Ich lag als Kriegsfreiwilliger wie hundert Nächte zuvor auf der granatenzerpflügten Waldblöße als Horchposten und sah mit windheißen Augen in das flackernde Helldunkel der Sturmnacht, durch die ruhlose Scheinwerfer über deutsche und französische Schützengräben wanderten. Der Braus des Nachtsturms schwoll anbrandend über mich hin. Fremde

---

2. Die Textauszüge ergeben ein Porträt Ernst Wurches. Diesen deutschen Typ des Wandervogel-Leutnants gab es in keinem anderen Heer. Er blieb sogar fortwirkend bis zur Mentalität der jungen Wehrmachtsoffiziere, die im Zweiten Weltkrieg aus der Hitlerjugend zur Front kamen.

Stimmen füllten die zuckende Luft. Über Helmspitze und Gewehrlauf hin sang und pfiff es schneidend, schrill und klagend, und hoch über den feindlichen Heerhaufen, die sich lauernd im Dunkel gegenüberlagen, zogen mit messerscharfem Schrei wandernde Graugänse nach Norden.

Die verflackernde Lichtfülle schweifender Leuchtkugeln hellte wieder und wieder in jähem Überfall die klumpigen Umrisse kauernder Gestalten auf, die in Mantel und Zeltbahn gehüllt gleich mir, eine Kette von Spähern, sich vor unseren Drahtverhauen in Erdmulden und Kalkgruben schmiegten. Die Postenkette unsres schlesischen Regiments zog sich vom Bois des Chevaliers hinüber zum Bois de Vérines, und das wandernde Heer der wilden Gänse strich gespensterhaft über uns alle dahin. Ohne im Dunkel die ineinanderlaufenden Zeilen zu sehen, schrieb ich auf einen Fetzen Papier die paar Verse:

> Wildgänse rauschen durch die Nacht
> Mit schrillem Schrei nach Norden –
> Unstäte Fahrt! Habt acht, habt acht!
> Die Welt ist voller Morden.
>
> Fahrt durch die nachtdurchwogte Welt,
> Graureisige Geschwader!
> Fahlhelle zuckt, und Schlachtruf gellt,
> Weit wallt und wogt der Hader.
>
> Rausch' zu, fahr' zu, du graues Heer!
> Rauscht zu, fahrt zu nach Norden!
> Fahrt ihr nach Süden übers Meer –
> Was ist aus uns geworden!
>
> Wir sind wie ihr ein graues Heer
> Und fahr'n in Kaisers Namen,
> Und fahr'n wir ohne Wiederkehr,
> Rauscht uns im Herbst ein Amen!

Während ich das im Bois des Chevaliers schrieb, lag drüben im Vérines-Walde ein zwanzigjähriger Student der Theologie, Kriegsfreiwilliger gleich mir, auf Horchposten. Wir wußten damals noch nichts voneinander. Aber als er, Monate später, die Verse in meinen Kriegstagebuchblättern fand, entsann er sich deutlich jener Nacht und des wandernden Gänseheers, das über uns beide dahinzog. Beide sahen wir ihm mit den gleichen Gedanken nach. Und an uns beide trat in derselben Stunde aus dem Dunkel der hinter uns liegenden Gräben eine Gefechtsordonnanz mit dem Befehl, uns um Mitternacht marschfertig vor dem Regimentsgeschäftszimmer zu melden. Mit müden und doch seltsam wachen Sinnen sahen wir im Abstieg noch einmal die schwermütige Schönheit der kahlen, grauen Hänge und Mulden, deren Kalk im Mondlicht tot, fremd und schwer wird, und die lichtlose, graue Einsamkeit der zerschossenen und verlassenen Steinhütten...

Im Geschäftszimmer des Regiments erfuhren wir, daß wir bei Morgengrauen mit zwanzig andern Kriegsfreiwilligen nach Deutschland in Marsch gesetzt würden, um im Posener Warthelager eine Offiziersausbildung durchzumachen. [...]

Vielleicht hätte ich dies alles nicht so gesehen, ohne den zwanzigjährigen Kameraden neben mir. Er sang nicht mehr, sondern war ganz in Schauen und Schreiten versunken. Trotz und Demut, die Anmut des Jünglings, lagen wie ein Glanz über der Haltung des straffen Körpers, dem schlanken Kraftwuchs der Glieder, dem stolzen Nacken und der eigenwilligen Schönheit von Mund und Kinn. Sein Gehen war federnde, in sich beruhende und lässig bewegte Kraft, jenes Gehen, das »Schreiten« heißt, ein geruhiges, stolzes und in Stunden der Gefahr hochmütiges Schreiten. Der Gang dieses Menschen konnte Spiel sein oder Kampf oder Gottesdienst, je nach der Stunde. Er war Andacht und Freude. Wie der schlanke, schöne Mensch in dem abgetragenen grauen Rock wie ein Pilger den Berg hinabzog, die lichten grauen Augen ganz voll Glanz und zielsicherer Sehnsucht, war er wie Zarathustra, der von den Höhen kommt, oder der Goethesche Wandrer. Die Sonne spielte durch den feinen Kalkstaub, den seine und unsere Füße aufrührten, und der helle Stein der Bergstraße schien unter seinen Sohlen zu klingen...

Sein Gang war Wille und Freude. Er ging aus Vergangenheit in Zukunft, aus den Lehrjahren ging er in seine Meisterjahre hinüber. Hinter ihm versanken die Berge, auf denen er mit Picke und Spaten geschanzt hatte, die Wälder, deren zentnerschwere Stämme er stundenweit auf willigen Schultern getragen, die Dörfer, deren Straßen er mit Schaufel und Kotrechen saubergehalten hatte, die Gräben, in denen er zu allen Stunden des Tages und der Nacht seinen Wachdienst getan, und die Erdlöcher und Unterstände, in denen er soviel Monate hindurch mit Handwerkern, Fabrikern und polnischen Landarbeitern gute Kameradschaft gehalten hatte. Er hatte sechs Monate hindurch den grauen Rock ohne Knopf und Tressen[3] getragen, und von den härtesten und niedrigsten Diensten war ihm nichts geschenkt worden. Nun schritt er von den Bergen herab, um Führer zu werden. Aber er warf die Vergangenheit nicht von sich wie einen heimlichen Schatz. Er hatte sechs schwere Monate hindurch um die Seele seines Volkes gedient, von der so viele reden, ohne sie zu kennen. Nur wer beherzt und bescheiden die ganze Not und Armseligkeit der Vielen, ihre Freuden und Gefahren mitträgt, Hunger und Durst, Frost und Schlaflosigkeit, Schmutz und Ungeziefer, Gefahr und Krankheit leidet, nur dem erschließt das Volk seine heimlichen Kammern, seine Rumpelkammern und seine Schatzkammern. Wer mit hellen und gütigen Augen durch diese Kammern hindurchgegangen ist, der ist wohl berufen, unter die Führer des Volkes zu treten. Als ein Wissender an Kopf und Herzen stieg der junge Kriegsfreiwillige von den lothringischen Bergen herab, um Führer und Helfer in seinem Volke zu werden. Davon klang sein Schritt. Und wenn die Men-

---

3. ohne Rangabzeichen, als einfacher Soldat.

schen mit allem lügen und heucheln könnten, Blick und Stimme und Gang der Starken und Reinen können sie nicht erheucheln und nachtäuschen. Noch hatte ich mit dem jungen Studenten kein Wort gesprochen, aber Blick und Stimme und Gang des Jünglings waren mir freund geworden.

Im Eisenbahnwagen kamen wir ins Gespräch. Er saß mir gegenüber und kramte aus seinem Tornister einen kleinen Stapel zerlesener Bücher: ein Bändchen Goethe, den Zarathustra und eine Feldausgabe des Neuen Testaments. »Hat sich das alles miteinander vertragen?« fragte ich. Er sah hell und ein wenig kampfbereit auf. Dann lachte er. »Im Schützengraben sind allerlei fremde Geister zur Kameradschaft gezwungen worden. Es ist mit Büchern nicht anders als mit Menschen. Sie mögen so verschieden sein, wie sie wollen – nur stark und ehrlich müssen sie sein und sich behaupten können, das gibt die beste Kameradschaft.« Ich blätterte, ohne zu antworten, in seiner Sammlung Goethescher Gedichte. Ein anderer Kamerad sah herüber und sagte: »Das Buch habe ich mir beim Auszug auch in den Tornister gesteckt, aber wann hat man hier draußen Zeit zum Lesen gehabt?« – »Wenn man wenig Zeit zu lesen hat«, meinte der junge Student, »so soll man auswendig lernen. Ich habe in diesem Winter siebzig Goethesche Gedichte gelernt. Die konnte ich dann vorholen, so oft ich wollte.« Er sprach frei und leicht und ohne jeden Anflug von Selbstbespiegelung oder Schulmeisterlichkeit, aber seine unbefangene und selbstsichere Art, ohne Scheu auch von wesentlichen und innerlichen Dingen zu reden, zwang zum Aufhorchen. Seine Worte waren so klar wie seine Augen, und aus jedem seiner frisch und ehrlich gefügten Sätze konnte man sehen, wes Geistes Kind man vor sich hatte.

Die Gespräche im Eisenbahnwagen kreuzten um die Aufgaben der nahen Zukunft. Wir fuhren einer Lehrzeit entgegen. Dem einen schien's viel, dem andern wenig, was in der kurzen Zeit zu lernen war. »Ein Zugführer braucht ja kein Stratege zu sein«, meinte einer. »Leutnantsdienst tun heißt

34

seinen Leuten vorsterben. Wer ein ganzer Kerl ist, braucht nur ein wenig Handwerk zuzulernen.« Der so sprach, meinte es ehrlich, und er hat nicht allzulang danach in Russisch-Polen sein Wort wahr gemacht, aber seine ungelenke und hitzige Art, unvermittelt und oft am falschen Platz große Worte zu machen, ließ ihn bei aller Redlichkeit oft zur Zielscheibe harmlosen Spottes werden. Auch hier fiel sein Wort wie ein Stein in leichtes Geplauder. Einige lächelten. Aber Ernst Wurche hob den Stein leicht auf, und er wurde in seiner Hand zum Kristall. »Leutnantsdienst tun heißt seinen Leuten vorleben«, sagte er, »das Vor-sterben ist dann wohl einmal ein Teil davon. Vorzusterben verstehen viele, und das ›Non dolet‹[4], mit dem die römische Frau ihrem zaghaften Gatten zeigte, wie gut und leicht sich sterben läßt, steht dem Mann und Offizier noch besser, aber das Schönere bleibt das Vorleben. Es ist auch schwerer. Das Zusammenleben im Graben war uns vielleicht die beste Schule, und es wird wohl niemand ein rechter Führer, der es nicht hier schon war.«

Es erhob sich alsbald ein lebhafter Streit, ob es leicht oder schwer sei, Einfluß auf das Denken und Fühlen des gemeinen Mannes zu gewinnen. Mancher hatte mit Belehrungs- und Erziehungsversuchen kläglich Schiffbruch gelitten und war immer wie ein fremder Vogel im Schwarm gewesen. Vieles, das hin- und hergeredet wurde, ist mir entfallen, und es verblaßte auch mit Recht neben einem kleinen Erlebnis, das der junge Student erzählte. »Die großen Kerls«, meinte er lächelnd, »sind wie die Kinder. Mit Schelten und Verbieten ist wenig getan. Sie müssen einen gern haben. Ein Spiel, bei dem man nicht mittut, muß ihnen kein rechtes Spiel sein. Wenn wir zu acht im Unterstand lagen, suchte auch oft einer dem anderen mit unsauberen Witzen den Vogel abzuschießen. Und ein Weilchen unterhielten sie sich damit ganz prächtig. Aber dann war einer, ein Breslauer Sozialdemo-

4. lat., »es schmerzt nicht«. Kaiser Nero hatte Caecina Paetus das Todesurteil geschickt. Der Mann zögerte; da erdolchte sich seine Gattin vor ihm und sagte: »Non dolet.«

krat, der gute Freundschaft mit mir hielt; der merkte immer zuerst, wenn ich nicht mittat. ›Ernstel, schläfst du auch?‹ fragte er dann jedesmal, und wir wußten alle beide, daß sein Spott auf unsicheren Beinen stand. Ich knurrte auch nur, ›Laßt mich zufrieden‹, oder so. Sie wußten recht gut, wenn ich nichts von ihnen wissen wollte, und das paßte ihnen nicht. Es dauerte dann meistens auch gar nicht lange, bis einer eine Schnurre erzählte, über die ich mitlachte. Und dann hatten wir die lustigsten Stunden.«

Er erzählte das ganz schlicht und mit so herzgewinnender Nachfreude, daß man unwillkürlich die Kraft spürte, die sein Wesen auf grobe und feine Herzen übte. Ich verstand ganz seine »großen Kerls«, die ihn »gern hatten« und denen das Lachen ohne ihn schal war. Viel später, in den Wäldern von Augustowo, hat er mir dann zuweilen Briefe seiner alten Kameraden zu lesen gegeben, denen er selbst fleißig schrieb. Darunter war auch einer seines Breslauer Sozialdemokraten. Der fing mit »Lieber Herr Leutnant« an, und ziemlich unvermittelt stand zwischen allerlei Nachrichten: »Seit Sie fort sind, sind unsre Gespräche nicht besser geworden. Über viele Witze würden Sie nicht lachen, und wir dann auch nicht.« Es mag, auch in Deutschland, nicht viele Offiziere geben, denen solche Briefe geschrieben werden...

In dem Eisenbahnwagen, der uns quer durch Deutschland und Metz nach Posen[5] führte, saß ich dem rasch liebgewonnenen Kameraden viele Stunden gegenüber. Es wurde viel gelacht und geplaudert. Aus allen seinen Worten sprach ein reiner, klarer, gesammelter Wille. So wie er die Anmut des Knaben mit der Würde des Mannes paarte, war er ganz Jüngling, und er erinnerte mich in seinem bescheidenen, selbstsicheren Lebensfrohsinn fast schmerzhaft deutlich an meinen jüngsten Bruder, der in den ersten Septembertagen in Frankreich gefallen war. »Sind Sie nicht Wandervogel[6],

5. Gemeint ist die Fahrt der Offiziersanwärter von der Westfront zum Warthe-Lager Posen, wo sie ausgebildet wurden.
6. Gelöbnis der Wandervögel 1913 am Hohen Meißner: leben »vor eigener Verantwortung«.

Wurche?« fragte ich ihn aus meinen Gedanken und Vergleichen heraus, und sieh', da hatte ich an die Dinge des Lebens
gerührt, die ihm die liebsten waren! Aller Glanz und alles
Heil deutscher Zukunft schien ihm aus dem Geist des Wandervogels zu kommen, und wenn ich an ihn denke, der
diesen Geist rein und hell verkörperte, so gebe ich ihm
recht... [...]

Diese Scheu vor der Oberflächlichkeit konnte ihn je nach
der Umgebung einsilbig machen oder beredt. Und darum
schien ihm das Zwiegespräch mit Recht die schönste Unterhaltung; denn kein andres Gespräch vermag so wie dieses
ohne Sprunghaftigkeit ruhig in klare Tiefen zu steigen.
Manches liebe und nachdenksame Wort in stillen Nacht-
stunden von junger Menschenhand geschürft, ist mir seither
ein Stück von der Habe des Herzens geworden. Keins aber
leuchtet heller nach als jenes, mit dem er einmal an der
Brustwehr seines Grabens ein nächtliches Gespräch über
den Geist des Wandervogels schloß: »Rein bleiben und reif
werden – das ist schönste und schwerste Lebenskunst.«
Die Wandervogeljugend und das durch ihren Geist ver-
jüngte Deutschtum und Menschentum lag ihm vielleicht
zutiefst von allen Dingen am Herzen, und um diese Liebe
kreisten die wärmsten Wellen seines Blutes. Ihm, dem selber
Leib und Seele frei und ebenmäßig zu natürlicher Schönheit
wuchsen, schien die beste Erziehung zu sein, den jungen
Baum leicht und geruhig wachsen zu lassen, sich seines
Blühens zu freuen und ihm, wenn's not tat, einmal die
Blätter zu waschen. Er verschloß die Augen nicht vor häßli-
chen Auswüchsen der großen Jugendbewegung. »Aber«,
meinte er, »die meisten Auswüchse kommen von dem sinn-
losen Betasten und Beklopfen des jungen Holzes. Ein einge-
schnürtes Stämmchen muß unnatürlich wuchern, auch wo es
nicht will. Rührte man nicht immer und immer mit knöcher-
nem Finger an das Feinste und Beste der werdenden Seele,
an ihre Unbefangenheit, so würde ihr schönster Schmelz,
die Bescheidenheit, nicht so oft zerstäuben. Wer die Kampf-

lust der Jugend reizt, macht sie hochmütig und laut, und wer sie ungeschickt anfaßt, der macht sie häßlich. Natürliche Jugend ist immer bescheiden und gütig und dankbar für herzliches Gewähren, aber wer sich, ohne Ehrerbietung wecken zu können, ans Erziehen macht, soll sich nicht wundern, wenn er Frechheit und Grausamkeit weckt.«

Den Kampf der deutschen Jugend um das gute Recht ihres natürlichen Wachstums verfolgte er mit der gleichen inneren Leidenschaft wie das Ringen der Völker, das ihn nun seit Monaten in seinem Strudel umtrieb. Von seinem Leutnantsgehalt schickte er fleißig an die Wandervögel daheim auf Schule und Hochschule. »Denn die Kriegskassen der Jugend muß man füllen helfen«, lachte er. Und kamen dann Briefe mit ungelenken Buchstaben und schrägen, drängenden Zeilen, oder es kamen die gelben Hefte des »Wandervogels« mit ihren schwarzen Schattenbildern und bunten Fahrtenbriefen, dann trat ihm beim Lesen die Seele in die Augen. [. . .][7]

Dann stand ich vor dem Toten und wußte nun erst: Ernst Wurche war tot. In einer kahlen Stube auf seinem grauen Mantel lag der Freund, lag mit reinem, stolzem Gesicht vor mir, nachdem er das letzte und größte Opfer gebracht hatte, und auf seinen jungen Zügen lag der feiertäglich große Ausdruck geläuterter Seelenbereitschaft und Ergebenheit in Gottes Willen. Aber ich selbst war zerrissen und ohne einen klaren Gedanken. Vor dem Hause, zur Linken der Tür, unter zwei breiten Linden hatte ich die offene Grube gesehen, die die Leute der Feldwache ausgehoben hatten.

Dann sprach ich die Mannschaften, die am Abend mit ihm auf Patrouille gegangen waren. Ernst hatte feststellen sollen, ob die Gräben der Seensperre vor Simno noch von Russen besetzt wären. Im Vorgehen war die Patrouille vom Feind mit Schrapnells unter Feuer genommen worden. Es war unmöglich, unbemerkt an die zu erkundende Stellung mit

---

7. Natürliches Wachstum als Erziehungsideal von Jugendbewegung und Reformpädagogik nach 1900 (vgl. Rousseau!). Die »Feldwandervögel« an der Front hielten bewußt Kontakt zu den Jüngeren daheim.

der Patrouille heranzukommen. Aber der junge Führer
kehrte nicht um, ohne seinen Auftrag restlos zu erfüllen.
Nur seine Leute ließ er zurück. Während sie in Deckung
warteten, machte er einen letzten Versuch, sich die Einsicht
in den russischen Graben zu erzwingen. Gewohnt, immer
zuerst sich als der Führer einzusetzen, kroch er allein Meterbreite um Meterbreite vor und arbeitete sich so noch weitere
hundertfünfzig Meter heran. Der Graben war nur noch von
Kosakenposten besetzt, aber im Vorkriechen wurde der
deutsche Offizier von einem Russen bemerkt, der alsbald
auf ihn feuerte. Eine Kugel drang ihm in den Leib, die
großen Blutgefäße zerreißend und den Tod in kurzer Zeit
herbeiführend. Seine Leute bargen ihn aus dem Feuer der
flüchtenden Kosaken. Einer fragte, wie sie ihn trugen:
»Geht es so, Herr Leutnant?« Er antwortete noch ruhig wie
immer: »Gut, ganz gut.« Dann verließen ihn die Sinne, und
er starb still, ohne zu klagen.
Vor dem lettischen Gehöft, wo er als Feldwachhabender
gelegen, auf den Seehöhen vor Simno schmückte ich ihm das
Heldengrab. Zwei Linden über ihm als geruhige Grabwäch-
ter, das nahe Rauschen der Wälder und das ferne Gleißen
des Sees sollten ihn behüten. In den Bauerngärten umher
war eine blühende, schwellende Fülle von Sonne und Som-
merblumen. Ein Grab voll Sonne und Blumen sollte der
sonnenfrohe Junge haben. Mit Grün und Blumen kleidete
ich die kühle Erde aus. Dann brach ich eine große, schöne
Sonnenblume mit drei golden blühenden Sonnen, trug sie
ihm ins Haus und gab sie ihm in die gefalteten Hände, die,
fast Knabenhände noch, so gerne mit Blumen gespielt hatten. Und ich kniete vor ihm, sah wieder und wieder in den
feiertäglich stillen Frieden seines stolzen jungen Gesichts
und schämte mich meiner Zerrissenheit. Aber ich rang mich
nicht los von dem armseligen Menschenschmerze um das
einsame Sterben des Freundes, in dessen Hand in der letzten
Stunde keine andere gelegen hatte, die ihn liebte.

6. Josef Magnus Wehner: Sieben vor Verdun (Vorwort)

Weihnachten 1915 unterschrieb der deutsche Kaiser den Befehl zum Angriff auf Verdun.

Der Dämon des Krieges, der ebenso wie das Schicksal das Los der Völker entscheidet nach den Männern, die führen, lächelte zwielichtig in jener Stunde. Er sah den ehrgeizigen alten Mann, der das Schriftstück überreichte, behutsam und mit heimlichen Vorbehalten, einen Glücksspieler, der die letzte Karte nicht wagte, um nicht eine Stufe von seiner Stellung herabzusteigen. Dieser Mann, der Chef der Obersten Heeresleitung, General von Falkenhayn, ein verschlossener Charakter von gemachter Liebenswürdigkeit, dessen Händedruck oft ein Todesurteil für den Betroffenen bedeutete, von gewollter Einsamkeit und einer Klugheit, die gefährlich war für einen raschen und entscheidenden Entschluß, hatte den Kern des Angriffsgedankens, so wie er ihm von der feurigen Front dargeboten wurde, gespalten. Während die Soldaten, an ihrer Spitze der deutsche Kronprinz, nichts sehnlicher wünschten, als den Feind an seinem stärksten Punkte auf breiter Front und in Massen anzugreifen, ihn ungestüm zu überrennen und nach dem Fall von Verdun die Feindfront nach beiden Seiten aufzurollen, ein Bild, wie es dem riesigen Willen des Deutschen gerecht wird, engte der Chef nicht nur die Grundlinie des Angriffes ein und strich von den Sturmkorps soviel ab, daß ihm selbst noch genug verblieb, um überall stark zu sein: er hieb dem Geiste des Sturmes selbst den Kopf ab. Nach seinem Plane sollte das Feldheer erreichen, was unter den genannten Beschneidungen zu erreichen war; es sei nicht nötig, Verdun zu fällen, not sei nur, daß der Feind herausgelockt werde und daß er sich langsam verblute, vor den Toren seiner stärksten Feste, die das moralische Herz Frankreichs war. Damit nahm er dem Soldaten das klare und gegenwärtige Ziel, ganz abgesehen davon, daß er auch jene tiefen und dunklen Verbindungen störte, die vom einzelnen zum Weltall seiner Vergangenheit und seiner Zukunft laufen, es sei denn, der

Opfergang des deutschen Heeres nach Verdun, das noch im 17. Jahrhundert freie Stadt des Deutschen Reiches war und erst 1648 an Frankreich fiel, sei nicht entsprungen aus der unterweltlichen Sehnsucht nach dem großen Reich aller deutschen Stämme, sondern nur eine taktische Maßnahme zur Beendigung eines vorläufigen Krieges, dessen Sinn noch kein Deutscher ausgesprochen hatte.

Genug – das Feldheer wußte nichts von der schwierigen Klugheit seines Chefs; es trat zum Sturm an, als Serbien niedergeworfen, als Rußland von den Schlägen der Deutschen entkräftet war, als Italien vor einem neuen, erwarteten Angriff sich duckte; es hatte keinen andern Willen, als den, zu siegen und Schluß zu machen; es blickte nicht hinter sich nach dem versprochenen Nachschub; es glaubte an seine Kraft.

Jedermann kennt den Ausgang dieser Schlacht, die in der Weltgeschichte kein Beispiel hat. Sie ist in Wahrheit ein Abbild aller großen Schlachten im Westen und zeigt das verhängnisvolle Doppelspiel des Kampfes mit dem Feinde und des Kampfes gegen den Geist des Alters in der eigenen Front, der auch heute noch nicht entschieden ist.

So mögen nun, schlicht, wie sie ihre Mutter gebar, die sieben Soldaten aufmarschieren, die nacheinander und miteinander die Tage von Verdun erlebten. Fünf von ihnen fielen, der sechste lebt, und der siebente erzählt. Er hat die Ruhe und Heiterkeit des ewigen Soldaten, der seine Sache auf nichts gestellt hat und auf alles. Er hat die Hoffnung auf die Gegenwart noch nicht begraben, er hofft auf die Zukunft seines unsterblichen Volkes. Er weiß um das alte Reich und weiß vom neuen Reich, daß es noch kein halbes Jahrhundert alt war, als es sich selbst zerschlug. Was will man von einem Kinde erwarten? Es wird einst wach werden und ein Mann.[8]

---

8. Das Vorwort mythisiert den deutschen Soldaten – »im Felde unbesiegt« –, indem der Chef des Generalstabs zum Schuldigen gemacht wird (vgl. nach 1918 die »Dolchstoßlegende«).

Währenddessen hat Raynal seine Offiziere um sich versammelt. Er gibt ihnen seinen Entschluß bekannt, noch 24 Stunden durchhalten zu wollen. Die Offiziere haben Bedenken. Wird die Mannschaft eine solch lange Zeit noch ertragen können?

In diesem Augenblick geht die Tür auf; ein Schwerverwundeter wankt herein. Sein Körper ist von Handgranatensplittern an fünf Stellen verletzt. Über die ganze Brust breitet sich die tiefe Wunde aus dem Ölstrahl des Flammenwerfers. Der Soldat ist nackt. Nur die durchbluteten Verbände bedecken den ausgemergelten Körper. Das unrasierte, von schwarzen Bartstoppeln bedeckte Gesicht hat die Magerkeit des Todes. Der Soldat tritt vor den Kommandanten, läßt sich dann in die Knie sinken, hebt beide Hände beschwörend und lallt mit pappigem Mund und schwerer Zunge:

»Mein Kommandant, Wasser, Wasser, Wasser!«

Raynal sieht's. In seinem Innern geht jetzt eine Veränderung vor. Dieser Mensch, der um Wasser fleht, hat seine Pflicht fürs Vaterland getan. Er fleht nicht um sein Leben. Er wird dieses Leben für Frankreich hingeben, wenn es sein muß. Er hat sich, seine Brust, seine Glieder, für das Vaterland in die Schanze gestellt. Aber daß er zudem noch verdursten soll, kann er nicht verstehen. Die Stimme des Schwerverwundeten ist die Stimme aller Verwundeten und aller dieser stillen Dulder in Gängen und Kasematten. Der Kommandant erhebt sich, geht auf den Verwundeten zu und sagt:

»Mein Sohn, ich habe kein Wasser. Alle meine Offiziere haben kein Wasser. Wir haben alle seit fast drei Tagen nicht mehr getrunken, um den Verwundeten und den Poilus[9] auf Posten den letzten Schluck zu lassen. Du hast deine Pflicht getan, harre noch einige Stunden aus. Bald wird Entsatz kommen, mein Sohn, bald kommt Entsatz!«

Der Verwundete hört die letzten Worte nicht mehr, denn er

9. *Poilu* (von frz. poilu, »behaart«): Spitzname des französischen Frontsoldaten.

ist zusammengesunken und liegt ohnmächtig da. Durch seine beschmutzten Verbände sickert frisches Blut. Die Offiziere packen zu und bringen den Mann in seine Kasematte zurück, auf seine Lagerstatt. Und in diesem Augenblick faßt Raynal den Entschluß, keine 24 Stunden, sondern nur noch 12 Stunden zu warten.

Da dröhnt draußen das französische Geschütz mit voller Wucht. Ganz urplötzlich schlägt das Trommelfeuer der Franzosen auf die Panzerkuppe. Nicht lange, denn bald wälzt sich der Vorhang aus Feuerrauch und Wirbeln über den Kehlgraben, dann in die rückwärtigen deutschen Stellungen. Raynal läßt Alarm durchsagen. Alle Mann auf Posten! Die Offiziere stehen bereit. Jetzt wird der Vorstoß kommen. Natürlich, das ist die Befreiung![10]

Stundenlang trommelt die französische Artillerie, und als sich der Tag seinem Ende zuneigt und die Sonne hinter einer Wand von Dunst, Rauch und Gas verschwindet, erheben sich drüben, aus den französischen Gräben und Sturmstellungen, zwei Eliteregimenter. Es ist Kolonial-Infanterie und ein Regiment Farbige. Die Deutschen sehen die nordafrikanischen Tiermenschen daherkommen, geduckt, Messer in den Zähnen. Bis dicht an die Maschinengewehrmündungen läßt man die Schwarzen kommen, und dann peitschen von allen Seiten die Geschoßgarben in die Menschenmasse.[11]

Der Angriff der Schwarzen, unterstützt von einem französischen Kolonial-Regiment, bricht auf dem Glacis[12] der Feste blutig zusammen. Und dann schweigt plötzlich die französische Artillerie. Es ist kein allmähliches Abklingen, kein langsames Abrollen des Donners und Stahlhagels, sondern ein ganz brutales Abbrechen. Innerhalb weniger Sekunden hört das Schüttern und Dröhnen rings um die Panzerfeste Vaux auf. Nur noch ganz hoch segeln einige Granaten ins

10. Die Franzosen beschießen das eigene Fort, das oben von den Deutschen erobert ist, während sich unten die Franzosen noch verteidigen.
11. Weißer Rassismus verübelte besonders den Einsatz farbiger Kolonialtruppen.
12. Aufschüttungen vor Befestigungen, damit für das Schußfeld keine toten Winkel entstehen.

Hinterland und tasten deutsche Anmarschwege, Reservestellungen, Schluchten und Bahnlinien ab. Die Schlacht um Verdun scheint am Fort Vaux erstarrt.

General Pétain hat die Kunde vom Versagen und nutzlosen Angriff der beiden Elite-Regimenter bekommen. Er will die blutige Kampfhandlung nicht weiterführen und befiehlt die sofortige Einstellung des Vernichtungsfeuers.

Drinnen aber, im steinernen Leib der Panzerfeste, legt sich diese plötzliche Stille geradezu peinvoll auf Hirn und Gemüt. Lieber etwas Donnern und Rollen als diese unheimliche Stille, hinter der man neue Untat, neue Gefahr wittern kann. Aber nichts ereignet sich, nichts.

Die Nacht hat begonnen. Morgen wird ein neuer Tag sein, ein neuer Tag voller Schmerzen und voller Warten. Es hat keinen Zweck, jetzt noch zu hoffen. Raynal hatte erkannt, daß nichts, auch nicht der tapferste Ansturm französischer Regimenter ihn und seine Männer aus der stählernen Umklammerung der Deutschen befreien kann. Feldgrau steht und hält. Er muß das Opfer bringen. Er muß – – Und während sich draußen der junge Tag schon erhebt nach einer Dunkelheit von nicht mehr als vier bis fünf Stunden, begibt sich Raynal zum letzten Male hinauf an das Blinkgerät. Der Bodendunst hat sich erhoben und hängt wie ein Schleier zwischen Souville und Vaux. Aus allen Schluchten der Gegend wälzen sich dichte Schwaden aus gelblichem Geschoßqualm und grünlichem Gas heran, untermischt mit dem feuchten Dunst der Nacht. Langsam zieht die Wolke dahin, langgestreckt wie von Kartoffelfeuern an windstillen Herbsttagen, und bildet eine undurchdringliche Schicht zwischen Himmel und Erde. Und nun gibt Raynal seinen Funkspruch durch.

In diesem Augenblick schiebt sich eine dichte Dunstschicht zwischen Fort Vaux und Souville. Nicht lange, höchstens 5 Minuten dauert das langsame Vorbeiziehen des Nebelstreifens. Und dann ist das Blinksignal wieder da. Die von Souville buchstabieren erschüttert den verstümmelten Schluß: »– – vergeßt uns nicht! Es lebe Frankreich!«

Dann schweigt das Blinkgerät, denn in diesem Augenblick durchläuft der letzte Tagesbefehl des Kommandanten Raynal alle Gänge und Kasematten, wird von Mann zu Mann wiederholt:

»Wir werden ehrenvoll kapitulieren. Unsere Pflicht ist getan. Es lebe Frankreich!« [. . .]

Raynal begibt sich in seine Kasematte und schreibt den Kapitulationsbrief. Er stellt eine genaue und gewissenhafte Liste aller im Fort anwesenden Offiziere, Unteroffiziere und Mannschaften auf und vergißt keineswegs das vorhandene Gerät. Dann siegelt er den Brief, schreibt langsam die Adresse und übergibt das inhaltschwere Dokument einem jungen Offizier, der ins Lager der Deutschen gehen soll. Während der Offizier durch Kasematten und Gänge schreitet, um an einer der vordersten Barrikaden die deutschen Posten zu treffen, läßt Raynal seine Soldaten antreten. Peinlich genau richten die Offiziere ihre Kompanien und Züge aus. Die Poilus stehen Gewehr bei Fuß, Brotbeutel, Feldflaschen und Gasmasken umgehängt, die Koppel geschlossen. Wie zur letzten Parade steht die Truppe angetreten, in Erwartung des Siegers.

Draußen, an der äußersten Barrikade, macht sich inzwischen der junge Offizier dem deutschen Posten bemerkbar. Er läßt ein weißes Fähnchen durch eine Scharte wehen und ruft: »Nicht schießen!«

Die Deutschen scheinen es zu übersehen. Deshalb befiehlt der Offizier seinem Begleiter, einem Hornisten, einmal in das Clairon[13] zu stoßen. Der Soldat setzt das Instrument an, und schauerlich hallt es durch die Gänge:

»Das Ganze halt! – Feuer einstellen!«

Die deutschen Posten horchen auf. Sie sehen das Fähnchen, sie bemerken jetzt den französischen Offizier. Ein deutscher Leutnant naht. Er nimmt die Franzosen in Empfang und führt sie zu Hauptmann Gillhausen. Durch alle Teile des

---

13. typisches Signalhorn der französischen Armee.

45

von Deutschen besetzten Werks geht wie ein Lauffeuer die frohe Kunde: »Die Franzosen kapitulieren. – Kameraden, das wäre wieder mal geschafft. Die Franzosen haben genug!«

Langsam schreiten die Unterhändler dahin, stehen nun vor dem deutschen Hauptmann. Kurze korrekte Begrüßung. Hauptmann Gillhausen öffnet Raynals Brief und liest. Darin steht ja alles klar und deutlich ausgedrückt. Es steht darin, daß die Panzerfeste Vaux kapitulieren will. Für sich und seine Leute verlangt Raynal den ehrenvollen Abzug und in der Kriegsgefangenschaft eine Behandlung, die in jeder Beziehung den Bestimmungen des Völkerrechts entspricht. Er bittet ferner um sofortigen Abtransport der Verwundeten und um Belassung des Privateigentums seiner Poilus.

Letztere Bedingung setzt den deutschen Hauptmann in Erstaunen. Das ist doch alles selbstverständlich! Es ist Ehrensache, daß der Kriegsgefangene unter dem Schutze des Siegers steht und seine Habseligkeiten behalten darf. Warum also noch diese ausdrückliche Feststellung im Kapitulationsbrief? Hauptmann Gillhausen weiß nichts von den Gepflogenheiten hinter der französischen Verdunfront. Er weiß nicht, daß im berüchtigten »Kronprinzenlager« Souilly jeder deutsche Kriegsgefangene systematisch völlig ausgeplündert wird, wenn man ihm nicht schon früher auf dem langen Leidensweg von der Kampflinie bis zum Hungerlager die letzten Kleinigkeiten und Andenken aus der Heimat, Brieftasche, Uhr und Trauring abgenommen hat. Die deutschen Gefangenen werden immer wieder beim Rückmarsch von der Front durch habgierige Schwarze beraubt. Und dies alles geschieht unter den Augen der weißen Offiziere, denen es nicht möglich ist, hier einzugreifen.

Hauptmann Gillhausen schreibt einige Zeilen und bestätigt die Bedingungen. Frontsoldaten hüben und drüben achten sich. Die Hyänen des Schlachtfeldes sitzen weiter zurück, sitzen in der sicheren Etappe. Frontsoldaten der vordersten Linien gilt jeglicher Wert, Geld und Gut, so gut wie nichts. Da vorn in Kampf und Todesnot zählt nur noch das nackte

Leben, zählt die Waffe, zählt der Mut. Für materielle Dinge hat der Frontsoldat der Kampflinie kein Verständnis.

Und nun schreitet der deutsche Offizier hinter dem Franzosen her, hinüber zu Major Raynal. Die Männer überklettern alle Sandsackbarrikaden. Sind im Hauptgang. Hell brennen hier zahlreiche Kerzen. Es braucht ja jetzt nicht mehr gespart zu werden. Deshalb hat Raynal das Anbrennen sämtlicher Lichtquellen und Lichter befohlen.

Als der deutsche Leutnant im Gang erscheint, dröhnt hart ein französisches Kommando. Die scharf ausgerichteten Poilus stehen still, und dann fliegen im Präsentiergriff die Gewehre hoch. Alle Vorgesetzten stehen vor der Front und grüßen, Hand an der Helmschiene.

Die Besatzung der Panzerfeste Vaux ergibt sich dem Sieger.

8. Ernst Jünger: Die Große Schlacht 1918

Ich setzte mich neben meine beiden Offiziere auf eine Stollentreppe, um den Zeitpunkt 5.05 Uhr zu erwarten, mit dem die Feuervorbereitung beginnen sollte. Die Stimmung hatte sich etwas aufgeheitert, da es nicht mehr regnete und die sternklare Nacht einen trockenen Morgen versprach. Wir verbrachten die Zeit, indem wir rauchten und plauderten. Um drei Uhr wurde gefrühstückt, und die Feldflasche machte die Runde. In den ersten Morgenstunden wurde die feindliche Artillerie so lebhaft, daß wir fürchteten, der Engländer habe Lunte gerochen. Einige der vielen im Gelände verteilten Munitionsstapel flogen in die Luft.

Kurz vor Beginn wurde folgender Funkspruch bekanntgegeben: »S. M. der Kaiser und Hindenburg haben sich an den Schauplatz der Operationen begeben.« Er wurde mit Beifall begrüßt.

Immer weiter rückte der Zeiger; wir zählten die letzten Minuten mit. Endlich stand er auf 5.05 Uhr. Der Orkan brach los.

Ein flammender Vorhang fuhr hoch, von jähem, nie gehörtem Aufbrüllen gefolgt. Ein rasender Donner, der auch die schwersten Abschüsse in seinem Rollen verschlang, ließ die Erde erzittern. Das riesenhafte Vernichtungsgebrüll der unzähligen Geschütze hinter uns war so furchtbar, daß auch die größten der überstandenen Schlachten dagegen erschienen wie ein Kinderspiel. Was wir nicht gewagt hatten zu hoffen, geschah: Die feindliche Artillerie blieb stumm; sie war mit einem Riesenschlag zu Boden gestreckt. Wir hielten es im Stollen nicht länger aus. Auf Deckung stehend, bestaunten wir die über den englischen Gräben flammende turmhohe Feuerwand, die sich hinter wallenden blutroten Wolken verschleierte.

Das Schauspiel wurde durch Augentränen und ein empfindliches Brennen der Schleimhäute gestört. Die vom Gegenwind zurückgetriebenen Dünste unserer Gasgranaten hüllten uns in einen starken Bittermandelgeruch ein. Ich beobachtete voll Sorge, daß manche der Männer zu husten und zu würgen begannen und sich endlich die Masken vom Gesicht rissen. Daher bemühte ich mich, den ersten Husten zu unterdrücken und mit dem Atem hauszuhalten. Allmählich verzog sich der Dunst, und nach einer Stunde konnten wir die Masken absetzen.

Es war Tag geworden. Hinter uns wuchs das ungeheure Getöse fortwährend, obwohl kaum eine Steigerung möglich schien. Vor uns war eine dem Blick undurchdringliche Wand von Rauch, Staub und Gas entstanden. Vorübereilende brüllten uns freudige Zurufe ins Ohr. Infanteristen und Artilleristen, Pioniere und Fernsprecher, Preußen und Bayern, Offiziere und Mannschaften, alle waren überwältigt von der elementaren Wucht des Feuersturmes und brannten darauf, um 9.40 Uhr anzutreten. Um 8.25 Uhr griffen unsere schweren Minenwerfer ein, die massiert hinter dem vorderen Graben bereitstanden. Wir sahen die gewaltigen Zwei-Zentner-Minen im hohen Bogen durch die Luft fliegen und drüben mit vulkanischen Explosionen zu Boden fallen. Wie eine Kette spritzender Krater standen ihre Einschläge.

Selbst die Naturgesetze schienen ihre Gültigkeit verloren zu haben. Die Luft flimmerte wie an heißen Sommertagen, und ihre wechselnde Dichte ließ feste Gegenstände hin und her tanzen. Schattenstriche huschten durch das Gewölk. Das Getöse war absolut geworden, man hörte es nicht mehr. Nur unklar merkte man, daß Tausende rückwärtiger Maschinengewehre ihre bleiernen Schwärme ins Blaue fegten.

Die letzte Stunde der Vorbereitung wurde gefährlicher als die vier anderen, während deren wir uns achtlos auf Deckung bewegt hatten. Der Feind brachte eine schwere Batterie ins Feuer, die Schuß um Schuß in unseren überfüllten Graben warf. Um auszuweichen, begab ich mich nach links und stieß auf den Adjutanten, Leutnant Heins, der mich nach dem Leutnant von Solemacher fragte: »Der muß sofort das Bataillon übernehmen, Hauptmann von Brixen ist eben gefallen.« Erschüttert von dieser Schreckensnachricht ging ich zurück und setzte mich in ein tiefes Erdloch. Auf dem kurzen Wege hatte ich die Tatsache schon wieder vergessen. Ich wandelte wie im Schlaf, wie im tiefen Traum durch das Unwetter.

Vor meinem Erdloch stand der Unteroffizier Dujesiefken, mein Begleiter bei Regniéville, und bat mich, in den Graben zu kommen, da beim kleinsten Einschlag die Erdmassen über mir zusammenstürzen würden. Eine Explosion riß ihm das Wort vom Munde: mit einem abgerissenen Bein stürzte er zu Boden. Da war jede Hilfe umsonst. Ich sprang über ihn hinweg und hastete nach rechts, wo ich in ein Fuchsloch kroch, in dem bereits zwei Pioniere Zuflucht gesucht hatten. Im engen Umkreis setzten die schweren Geschosse ihr Wüten fort. Man sah plötzlich schwarze Erdklumpen aus einer weißen Wolke wirbeln; der Einschlag wurde vom allgemeinen Tosen verschluckt. Im Grabenstückchen links neben uns wurden drei Leute meiner Kompanie zerrissen. Einer der letzten Treffer, ein Blindgänger, erschlug das arme Schmidtchen, das noch auf der Stollentreppe saß.

Ich stand mit Sprenger, die Uhr in der Hand, vor meinem

Fuchsloch und erwartete den großen Augenblick. Um uns hatten sich die Reste der Kompanie geschart. Es gelang uns, sie durch Scherzworte von urwüchsiger Derbheit aufzuheitern und abzulenken. Der Leutnant Meyer, der einen Augenblick um die Schulterwehr lugte, erzählte mir später, daß er uns für wahnsinnig gehalten habe.

Um 9.10 Uhr verließen die Offizierspatrouillen, die unsere Aufstellung sichern sollten, den Graben. Da die beiden Stellungen über achthundert Meter auseinanderlagen, mußten wir noch während der Beschießung antreten und uns im Niemandslande derart bereitlegen, daß wir um 9.40 Uhr in die erste feindliche Linie springen konnten. Auch Sprenger und ich kletterten also nach einigen Minuten, gefolgt von der Kompanie, auf die Brustwehren.

»Nun wollen wir mal zeigen, was die Siebente kann!« »Jetzt ist mir alles egal!« »Rache für die siebte Kompanie!« »Rache für Hauptmann von Brixen!« Wir zogen die Pistolen und überschritten den Draht, durch den sich schon die ersten Verwundeten zurückschleppten.

Ich blickte nach rechts und links. Die Völkerscheide bot ein seltsames Bild. In den Trichtern vor dem feindlichen Graben, der im Feuersturm wieder und wieder umgewühlt wurde, harrten in unübersehbarer Front, kompanieweise zusammengeklumpt, die Angriffsbataillone. Beim Anblick dieser aufgestauten Massen schien mir der Durchbruch gewiß. Ob aber auch die Kraft in uns steckte, die feindlichen Reserven zu zersplittern und vernichtend auseinanderzureißen? Ich erwartete es bestimmt. Der Endkampf, der letzte Anlauf schien gekommen. Hier wurde das Schicksal von Völkern zum Austrag gebracht, es ging um die Zukunft der Welt. Ich empfand die Bedeutung der Stunde, und ich glaube, daß jeder damals das Persönliche sich auflösen fühlte und daß die Furcht ihn verließ.

Die Stimmung war sonderbar, von höchster Spannung überhitzt. Offiziere standen aufrecht und wechselten erregte Scherzworte. Ich sah Solemacher inmitten seines kleinen Stabes, im Mantel wie ein Jäger, der an einem kalten Tage auf das Treiben wartet, eine halblange Pfeife mit grünem Kopf in der Hand. Wir winkten uns brüderlich zu. Oft ging eine schwere Mine zu kurz, warf einen kirchturmhohen Springquell hoch und überschüttete die Harrenden mit Erde, ohne daß einer auch nur den Kopf beugte. Der Schlachtendonner war so fürchterlich geworden, daß keiner mehr bei klarem Verstande war.

Drei Minuten vor dem Angriff winkte mir Vinke mit einer gefüllten Feldflasche. Ich tat einen tiefen Zug. Es war, als ob ich Wasser hinabstürzte. Nun fehlte noch die Offensivzigarre. Dreimal löschte der Luftdruck das Streichholz aus. Der große Augenblick war gekommen. Die Feuerwalze rollte auf die ersten Gräben zu. Wir traten an.

Der Zorn zog nun wie ein Gewitter auf. Tausende mußten schon gefallen sein. Das war zu spüren; obwohl das Feuer fortfuhr, schien es still zu werden, als verlöre es seine gebietende Kraft.

Das Niemandsland war dicht von Angreifern erfüllt, die einzeln, in Trüppchen oder in hellen Haufen auf den feurigen Vorhang zuschritten. Sie liefen nicht, sie nahmen auch nicht Deckung, wenn zwischen ihnen die turmhohen Fahnen aufstiegen. Schwerfällig, doch unaufhaltsam gingen sie auf die feindliche Linie zu. Es schien, daß die Verwundbarkeit nun aufgehoben war.

Inmitten der Massen, die sich erhoben hatten, war es zugleich einsam; die Verbände waren nun vermischt. Ich hatte die Meinen aus dem Blick verloren; sie hatten sich wie eine Welle in der Brandung aufgelöst. Nur Vinke und ein Einjähriger[14] namens Haake waren neben mir. Die rechte Hand hielt den Pistolenschaft umklammert, die linke einen Reitstock aus Bambusrohr. Noch trug ich, obwohl mir sehr heiß war, den langen Mantel und, der Vorschrift entsprechend, Handschuhe. Im Vorgehen erfaßte uns ein berserkerhafter Grimm. Der übermächtige Wunsch zu töten beflügelte meine Schritte. Die Wut entpreßte mir bittere Tränen.

14. junger Soldat, Schulabschluß mindestens »mittlere Reife«, dadurch im Frieden nur einjährige Dienstpflicht, Reserveoffiziersanwärter.

51

Der ungeheure Vernichtungswille, der über der Walstatt lastete, verdichtete sich in den Gehirnen und tauchte sie in rote Nebel ein. Wir riefen uns schluchzend und stammelnd abgerissene Sätze zu, und ein unbeteiligter Zuschauer hätte vielleicht glauben können, daß wir von einem Übermaß an Glück ergriffen seien.

Ohne Schwierigkeiten durchschritten wir ein zerfetztes Drahtgewirr und setzten in einem Sprung über den ersten Graben, der kaum noch kenntlich war. Die Sturmwelle tanzte wie eine Reihe von Gespenstern durch weiße, wallende Dämpfe über die eingeebnete Mulde hinweg. Hier stand kein Gegner mehr.

Wider alles Erwarten knatterte uns aus der zweiten Linie Maschinengewehrfeuer entgegen. Ich sprang mit meinen Begleitern in einen Trichter. Eine Sekunde später gab es einen furchtbaren Krach, und ich sackte vornüber. Vinke packte mich am Kragen und drehte mich auf den Rücken: »Sind Herr Leutnant verwundet?« Es war nichts zu finden. Der Einjährige hatte ein Loch im Oberarm und versicherte stöhnend, daß ihm eine Kugel in den Rücken geschlagen sei. Wir rissen ihm die Uniform vom Leibe und verbanden ihn. Eine glatte Furche zeigte an, daß ein Schrapnell in Höhe unserer Gesichter auf den Trichterrand geschlagen war. Ein Wunder, daß wir noch lebten. Sie waren drüben noch stärker, als wir gedacht hatten [...]

In einer Besprechung mit Hauptmann von Ledebur, der den Oberbefehl über unsere zusammengewürfelten Verbände übernommen hatte, legte ich das Sinnlose eines Frontalsturmes dar, da die zum Teil schon in unserer Hand befindliche Vraucourt-Stellung mit viel geringeren Verlusten von links her aufgerollt werden konnte. Wir beschlossen, den Männern den Anlauf zu ersparen, und die Ereignisse sollten uns recht geben.

Vorläufig richteten wir uns also in den Trichtern auf der Höhe ein. Allmählich brach die Sonne durch, und es erschienen englische Flugzeuge, die mit Maschinengewehren

52

unsere Löcher abstreuten, jedoch bald von den unsrigen vertrieben wurden. Im Grunde von Ecoust fuhr eine Batterie auf, ein ungewöhnliches Bild für alte Grabenkrieger; sie wurde auch bald zusammengeschossen. Ein einzelnes Pferd riß sich los und galoppierte durch das Gelände; das fahle Tier raste gespenstisch über die weite, einsame, vom wechselnden Gewölk der Geschosse behangene Fläche dahin. Die feindlichen Flieger waren noch nicht lange verschwunden, als wir das erste Feuer bekamen. Zuerst platzten einige Schrapnells, dann zahlreiche leichte und schwere Granaten. Wir lagen wie auf dem Präsentierteller. Etliche ängstliche Gemüter vermehrten das Feuer noch, indem sie kopflos hin- und herliefen, anstatt in ihre Trichter geduckt den Segen über sich ergehen zu lassen. In solchen Lagen muß man Fatalist sein. Diesen Grundsatz beherzigte ich, indem ich den köstlichen Inhalt einer erbeuteten Büchse voll Stachelbeermarmelade verspeiste. Auch zog ich ein Paar von den Strümpfen aus schottischer Wolle an, die ich in dem Unterstand gefunden hatte. So rückte langsam die Sonne vor.

Schon seit längerer Zeit war links der Vraucourt-Stellung Bewegung zu beobachten. Jetzt sahen wir gerade vor uns die bogenförmige Flugbahn und den weißen Einschlag deutscher Stielhandgranaten. Das war der gegebene Augenblick.

Ich ließ antreten, oder ich ging vielmehr, indem ich den rechten Arm hob, einfach auf die Stellung los. Ohne stärkeres Feuer zu bekommen, gelangten wir an den feindlichen Graben und sprangen hinein, von einem Sturmtrupp des Regiments 76 freudig begrüßt. Im aufrollenden Handgranatenangriff ging es, ähnlich wie bei Cambrai, langsam vor. Der feindlichen Artillerie blieb leider nicht lange verborgen, daß wir uns hartnäckig in ihren Linien vorfraßen. Ein scharfer Feuerüberfall von Schrapnells und leichten Granaten faßte uns Vordere noch gerade, in der Hauptsache jedoch die Unterstützungen, die hinter uns über freies Feld dem Graben zuströmten. Wir merkten, daß die Kanoniere uns mit direkter Beobachtung bepflasterten. Dies war eine kräftige Einpeitschung, denn wir bemühten uns, möglichst schnell mit dem Gegner fertig zu werden, um das Feuer zu unterlaufen.

Die Vraucourt-Stellung schien noch im Bau gewesen zu sein, denn manche Grabenstücke waren nur durch Abheben der Rasenschicht angedeutet. Wenn wir ein solches Stück übersprangen, verdichtete sich das Feuer des Umkreises auf uns. Ebenso nahmen wir unsererseits den über diese Todesbahnen vor uns herhastenden Gegner unter Feuer, so daß die trassierten Strecken bald mit Getroffenen besät waren. Es gab eine wilde Hetzjagd unter den Wolken der Schrapnells. Wir eilten an noch warmen, stämmigen Gestalten vorüber, aus deren kurzen Röckchen kräftige Knie glänzten, oder krochen über sie hinweg. Es waren Hochländer, und die Art des Widerstandes zeigte, daß wir es mit Männern zu tun hatten.

Nachdem wir so einige hundert Meter geschafft hatten, geboten uns immer dichter fallende Hand- und Gewehrgranaten Halt. Das Blatt drohte sich zu wenden. Es begann, mulmig zu werden; ich hörte erregte Zurufe.

»Der Tommy macht einen Gegenstoß!«

»Bliew stahn!«

»Ich will bloß Verbindung aufnehmen!«

»Handgranaten nach vorn. Handgranaten, Handgranaten!«

»Achtung, Herr Leutnant!«

Gerade in den Grabenkämpfen sind solche Rückschläge bös. Ein kleiner Stoßtrupp stürzt, schießend und werfend, an der Spitze vor. Wenn die Werfer vor- und zurückspringen, um den vernichtenden Geschossen auszuweichen, stoßen sie auf die Nachdrängenden, die zu dicht aufgelaufen sind. Leicht bricht dann Verwirrung aus. Vielleicht versuchen einige, über Deckung zurückzuspringen, und fallen so den Scharfschützen zur Beute, wodurch der Gegner sofort lebhaft ermutigt wird.

Es gelang mir, eine Handvoll Leute zusammenzuraffen, mit denen ich hinter einer breiten Schulterwehr ein Widerstandsnest bildete. Der Graben blieb offen, als gemeinsamer Korridor für uns und die Hochländer. Auf wenige Meter tauschten wir mit einem unsichtbaren Gegner Geschosse aus. Es gehörte Mut dazu, bei den knallenden Aufschlägen den Kopf hochzuhalten, während der Sand der Schulterwehr aufgepeitscht wurde. Ein 76er neben mir, ein herkulischer Hamburger Hafenarbeiter, schoß mit wildem Gesicht, ohne an Deckung zu denken, eine Patrone nach der anderen ab, bis er blutüberströmt zusammenbrach. Ein Geschoß hatte ihm mit dem Knall eines aufschlagenden Brettes die Stirn durchbohrt. Er knickte in seiner Grabenecke zusammen und blieb, den Kopf gegen die Wand gelehnt, in kauernder Stellung stehen. Sein Blut floß, wie aus einem Eimer gegossen, auf die Grabensohle. Sein schnarchendes Röcheln ertönte in immer längeren Abständen und verstummte endlich ganz. Ich ergriff sein Gewehr und feuerte weiter. Endlich trat eine Pause ein. Zwei Mann, die noch vor uns gelegen hatten, machten den Versuch, über Deckung zurückzuspringen. Einer fiel mit einem Kopfschuß in den Graben, der andere konnte ihn eines Bauchschusses wegen nur mehr kriechend erreichen.

Wir setzten uns abwartend auf die Grabensohle und rauchten englische Zigaretten. Ab und zu pfeilten sich gut gezielte Gewehrgranaten herüber. Wir konnten sie sehen und ihnen durch Sprünge ausweichen. Der Verwundete mit dem Bauchschuß, ein blutjunger Mensch, lag zwischen uns und dehnte sich fast wohlig wie eine Katze in den warmen Strahlen der untergehenden Sonne. Er schlief mit einem kindlichen Lächeln in den Tod hinüber. Es war ein Anblick, bei dem nichts Bedrückendes, sondern nur ein brüderliches Gefühl der Zuneigung zu dem Sterbenden mich berührte. Auch das Stöhnen seines Kameraden verstummte allmählich. Er starb unter Anfällen von Schüttelfrost in unserer Mitte.

Mehrere Male versuchten wir, tief geduckt an den trassierten Stellen über die Leichen der Hochländer vorkriechend, uns weiter vorzuarbeiten, wurden aber immer wieder durch

Scharfschützenfeuer und Gewehrgranaten zurückgetrieben. Fast jeder Treffer, den ich sah, war tödlich. So füllte sich der vordere Teil des Grabens allmählich mit Verwundeten und Toten; dafür trafen von hinten dauernd Verstärkungen ein. Bald stand hinter jeder Schulterwehr ein leichtes oder schweres Maschinengewehr. Mit ihnen hielten wir den englischen Teil des Grabens der Länge nach unter immer stärkerem Druck. Auch ich stellte mich hinter eine dieser Kugelspritzen und schoß, bis der Zeigefinger von Rauch geschwärzt war. Hier könnte ich den Schotten erwischt haben, der mir nach dem Krieg einen netten Brief aus Glasgow schrieb, in dem er den Ort, an dem er verwundet wurde, genau bezeichnete. Wenn das Kühlwasser verdunstet war, wurden die Kästen herumgereicht und unter wenig feinen Scherzen durch ein natürliches Verfahren wieder gefüllt. Bald begannen die Waffen zu glühen.

Die Sonne stand tief am Horizont. Der zweite Kampftag schien vorüber. Ich sah mir zum ersten Male genau die Umgebung an und schickte Meldung und Skizze zurück. Unser Graben schnitt in fünfhundert Schritt Entfernung die Straße Vraucourt-Mory, die durch Stoffblenden verschleiert war. Auf einem Hange dahinter eilten feindliche Trupps über das geschoßbestreute Feld. Den unbewölkten Abendhimmel durchschnitt ein schwarzweißrot bewimpeltes Geschwader. Die scheidenden Strahlen der schon versunkenen Sonne tauchten es gleich einer Kette von Flamingos in zartes Rosenrot. Wir entfalteten unsere Stellungskarten und legten die weiße Rückseite aus, um zu zeigen, wie weit wir uns in den Feind hineingebohrt hatten.

Ein kühler Abendwind verkündete eine scharfe Nacht. Ich lehnte, in einen warmen englischen Mantel gehüllt, an der Grabenwand und unterhielt mich mit dem kleinen Schultz, dem Gefährten meiner Inderpatrouille, der mit vier schweren Maschinengewehren nach altem kameradschaftlichem Brauche dort erschienen war, wo die Sache am brenzlichsten stand. Auf den Postenständen beobachteten Leute aller Kompanien mit jungen, scharfgeschnittenen Gesichtern unterm Stahlhelm die feindlichen Stellungen. Ich sah sie aus der Dämmerung des Grabens unbeweglich ragen, wie auf Gefechtstürmen. Ihre Führer waren gefallen; sie standen aus eigenem Antrieb am rechten Ort.

9. Erich Maria Remarque: Warum Krieg?

Es wird mächtig geputzt. Ein Appell jagt den andern. Von allen Seiten werden wir revidiert. Was zerrissen ist, wird umgetauscht gegen gute Sachen. Ich erwische dabei einen tadellosen neuen Rock. Kat natürlich sogar eine volle Montur. Das Gerücht taucht auf, es gäbe Frieden, doch die andere Ansicht ist wahrscheinlicher: daß wir nach Rußland verladen werden. Aber wozu brauchen wir in Rußland bessere Sachen? Endlich sickert es durch: der Kaiser kommt zur Besichtigung. Deshalb die vielen Musterungen.

Acht Tage lang könnte man glauben, in einer Rekrutenkaserne zu sitzen, so wird gearbeitet und exerziert. Alles ist verdrossen und nervös, denn übermäßiges Putzen ist nichts für uns und Parademarsch noch weniger. Gerade solche Sachen verärgern den Soldaten mehr als der Schützengraben.
Endlich ist der Augenblick da. Wir stehen stramm, und der Kaiser erscheint. Wir sind neugierig, wie er aussehen mag. Er schreitet die Front entlang, und ich bin eigentlich etwas enttäuscht: nach den Bildern hatte ich ihn mir größer und mächtiger vorgestellt, vor allen Dingen mit einer donnernderen Stimme.
Er verteilt Eiserne Kreuze und spricht diesen und jenen an.
Nachher unterhalten wir uns. Tjaden sagt staunend: »Das ist nun der Alleroberste, den es gibt. Davor muß dann doch jeder strammstehen, jetzt überhaupt!« Er überlegt: »Davor muß doch auch Hindenburg strammstehen, was?«
»Jawoll«, bestätigte Kat.

Tjaden ist noch nicht fertig. Er denkt eine Zeitlang nach und fragt: »Muß ein König vor einem Kaiser auch strammstehen?«

Keiner weiß das genau, aber wir glauben es nicht. Die sind beide schon so hoch, daß es da sicher kein richtiges Strammstehen mehr gibt.

»Was du dir für einen Quatsch ausbrütest«, sagt Kat. »Die Hauptsache ist, daß du selber strammstehst.«

Aber Tjaden ist völlig fasziniert. Seine sonst sehr trockene Phantasie arbeitet sich Blasen. »Sieh mal«, verkündet er, »ich kann einfach nicht begreifen, daß ein Kaiser auch genau so zur Latrine muß wie ich.«

»Darauf kannst du Gift nehmen«, lacht Kropp.

»Verrückt und drei macht sieben«, ergänzt Kat, »du hast Läuse im Schädel, Tjaden, geh du nur selbst rasch los zur Latrine, damit du einen klaren Kopp kriegst und nicht wie ein Wickelkind redest.«

Tjaden verschwindet.

»Eins möchte ich aber doch wissen«, sagt Albert, »ob es Krieg gegeben hätte, wenn der Kaiser nein gesagt hätte.«

»Das glaube ich sicher«, werfe ich ein – »er soll ja sowieso erst gar nicht gewollt haben.«

»Na, wenn er allein nicht, dann vielleicht doch, wenn so zwanzig, dreißig Leute in der Welt nein gesagt hätten.«

»Das wohl«, gebe ich zu, »aber die haben ja gerade gewollt.«

»Es ist komisch, wenn man sich das überlegt«, fährt Kropp fort, »wir sind doch hier, um unser Vaterland zu verteidigen. Aber die Franzosen sind doch auch da, um ihr Vaterland zu verteidigen. Wer hat nun recht?«

»Vielleicht beide«, sage ich, ohne es zu glauben.

»Ja, nur«, meint Albert, und ich sehe ihm an, daß er mich in die Enge treiben will, »aber unsere Professoren und Pastöre und Zeitungen sagen, nur wir hätten recht, und das wird hoffentlich auch so sein; – aber die französischen Professoren und Pastöre und Zeitungen behaupten, nur sie hätten recht, wie steht es denn damit?«

»Das weiß ich nicht«, sage ich, »auf jeden Fall ist Krieg, und jeden Monat kommen mehr Länder dazu.«

Tjaden erscheint wieder. Er ist noch immer angeregt und greift sofort wieder in das Gespräch ein, indem er sich erkundigt, wie eigentlich überhaupt ein Krieg entstehe.

»Meistens so, daß ein Land ein anderes schwer beleidigt«, gibt Albert mit einer gewissen Überlegenheit zur Antwort.

Doch Tjaden stellt sich dickfellig. »Ein Land? Das verstehe ich nicht. Ein Berg in Deutschland kann doch einen Berg in Frankreich nicht beleidigen. Oder ein Fluß oder ein Wald oder ein Weizenfeld.«

»Bist du so dämlich, oder tust du nur so?« knurrt Kropp. »So meine ich das doch nicht. Ein Volk beleidigt das andere –«

»Dann habe ich hier nichts zu suchen«, erwidert Tjaden, »ich fühle mich nicht beleidigt.«

»Dir soll man nun was erklären«, sagt Albert ärgerlich, »auf dich Dorfdeubel kommt es doch dabei nicht an.«

»Dann kann ich ja erst recht nach Hause gehen«, beharrt Tjaden, und alles lacht.

»Ach, Mensch, es ist doch das Volk als Gesamtheit, also der Staat –«, ruft Müller.

»Staat, Staat« – Tjaden schnippt schlau mit den Fingern – »Feldgendarmen, Polizei, Steuer, das ist euer Staat. Wenn du damit zu tun hast, danke schön.«

»Das stimmt«, sagt Kat, »da hast du zum ersten Male etwas Richtiges gesagt, Tjaden, Staat und Heimat, da ist wahrhaftig ein Unterschied.«

»Aber sie gehören doch zusammen«, überlegt Kropp. »Eine Heimat ohne Staat gibt es nicht.«

»Richtig. Aber bedenk mal, daß wir fast alle einfache Leute sind. Und in Frankreich sind die meisten Menschen doch auch Arbeiter, Handwerker oder kleine Beamte. Weshalb soll nun wohl ein französischer Schlosser oder Schuhmacher uns angreifen wollen? Nein, das sind nur die Regierungen.

Ich habe nie einen Franzosen gesehen, bevor ich hierherkam, und den meisten Franzosen wird es ähnlich mit uns gehen. Die sind ebensowenig gefragt wie wir.«

»Weshalb ist dann überhaupt Krieg?« fragt Tjaden.

Kat zuckt die Achseln. »Es muß doch Leute geben, denen der Krieg nützt.«

»Na, ich gehöre nicht dazu«, grinst Tjaden.

»Du nicht, und keiner hier.«

»Wer denn nur?« beharrte Tjaden. »Dem Kaiser nützt er doch auch nicht. Der hat doch alles, was er braucht.«

»Das sag nicht«, entgegnet Kat. »Einen Krieg hat er bis jetzt noch nicht gehabt. Und jeder größere Kaiser braucht mindestens einen Krieg, sonst wird er nicht berühmt. Sieh mal in deinen Schulbüchern nach.«

»Generale werden auch berühmt durch den Krieg«, sagt Detering.

»Noch berühmter als Kaiser«, bestätigt Kat.

»Sicher stecken andere Leute, die am Krieg verdienen wollen, dahinter«, brummt Detering.

»Ich glaube, es ist mehr eine Art Fieber«, sagt Albert. »Keiner will es eigentlich, und mit einem Male ist es da. Wir haben den Krieg nicht gewollt, die anderen behaupten dasselbe – und trotzdem ist die halbe Welt feste dabei.«

»Drüben wird aber mehr gelogen als bei uns«, erwidere ich, »denkt mal an die Flugblätter der Gefangenen, in denen stand, daß wir belgische Kinder fräßen. Die Kerle, die so was schreiben, sollten sie aufhängen. Das sind die wahren Schuldigen.«

Müller steht auf. »Besser auf jeden Fall, der Krieg ist hier als in Deutschland. Seht euch mal die Trichterfelder an!«

»Das stimmt«, pflichtet selbst Tjaden bei, »aber noch besser ist gar kein Krieg.«

Er geht stolz davon, denn er hat es uns Einjährigen nun mal gegeben. Und seine Meinung ist tatsächlich typisch hier, man begegnet ihr immer wieder und kann auch nichts Rechtes darauf entgegnen, weil mit ihr gleichzeitig das Ver-

ständnis für andere Zusammenhänge aufhört. Das National-
gefühl des Muschkoten[15] besteht darin, daß er hier ist. Aber
damit ist es auch zu Ende, alles andere beurteilt er praktisch
und aus seiner Einstellung heraus.

Albert legt sich ärgerlich ins Gras. »Besser ist, über den
ganzen Kram nicht zu reden.«

»Wird ja auch nicht anders dadurch«, bestätigt Kat.

Zum Überfluß müssen wir die neu empfangenen Sachen fast
alle wieder abgeben und erhalten unsere alten Brocken wieder. Die guten waren nur zur Parade da.

10. Theodor Plievier: Die Kulis meutern

»Friedrich der Große«! Backen und Banken![16] Es gibt Dörr-
gemüse, nachdem es in derselben Woche schon Kohlrüben,
Kartoffelschalensuppe und Klippfisch gegeben hat. Die
Backschafter[17] kommen mit den Schüsseln und teilen aus:
warmes Wasser mit Grün, weiter nichts.

Die Offiziersküche ist in derselben Mittschiffskasematte
untergebracht. Die Bratendüfte, die Gerüche der pommes
frites und Soßen, die dem Admiral, dem Flottenstab und den
Schiffsoffizieren serviert werden, ziehen durch das Deck.

Im eigenen Bauch schwappt die Suppe.

Das kann man nicht immer aushalten!

Einer bricht zusammen, ein ausgewachsener Kerl, der noch
schwarz von der Arbeit vor den Kesseln ist. Ohnmächtig,
mit papierweißem Gesicht, liegt er auf dem Linoleumdeck.
Ein paar bemühen sich um ihn.

»Das ist kein Wunder!« – »Nach so 'ner Suppe braucht man
nicht mal auf'n Lokus, das pißt und schwitzt man weg!« –
»Wasser, Quatsch! Der braucht ein Stück Braten!«

15. Musketier, Fußsoldat.
16. Befehl zum »Essenfassen«.
17. zum Essenholen eingeteilte Matrosen, die eine »Backschaft« (Tischgemein-
schaft) versorgen.

Ein Steward kommt vorbei mit einer Platte Fleischschnitten. Ein langer Stokerarm[18] legt sich um seinen Hals. Die Platte stürzt zu Boden. Ein Knäuel gebeugter Rücken, gierig zupackende Hände! Eine Backsmannschaft hat zu essen, auch für den Ohnmächtigen wird etwas aufgehoben.

Ein andermal wird den Offizieren der Spickbraten aus der Pfanne geholt, und sie müssen zwei Stunden warten, bis der Koch neues Essen fertiggestellt hat. Bei der Proviantübernahme verschwinden Brote zu Hunderten, Kartoffeln zentnerweise. Es gibt kein Schiff in der Flotte mehr, auf dem nicht in die Proviantkammer eingebrochen worden ist. Das Essen wird verweigert und aus den Küchen nicht abgeholt. Die Kommandos lassen die Mannschaften antreten und ihnen die Kriegsartikel vorlesen.

Da steht einer der goldbetreßten Herren breitbeinig auf der Decke eines Geschützturmes: »... daß eure Angehörigen daheim noch viel weniger im Topf haben als ihr, brauche ich euch wohl nicht zu erzählen! Wir leben in einer schweren Zeit!«

Unten stoßen sich ein paar an, die Kuttergäste[19], die den Redner vor einigen Abenden im Boot von Land abgeholt und besoffen an Bord gebracht haben.

»Sie da unten...«

Er fixiert einen, der sein Gesicht nicht wie die andern zu ihm hochgereckt hält. »Ihnen spuck ich gleich auf den Kopf, daß Sie Plattfüße kriegen! Ihr Saukerle!« Und an die Heizer gewendet: »Ihr Dreckschweine! Ihr krummen Hunde! Ich werde euch den Standpunkt klarmachen! Ihr werdet zu üppig! Was ihr braucht, ist mehr militärischer Dienst!«

»Die Herren Divisionsoffiziere!«

Die Divisionsoffiziere nehmen Haltung an.

»Divisionsweise Instruktion und Vorlesen der Kriegsartikel[20]!«

18. *Stoker:* engl., »Heizer«.
19. Matrosen, die den Kutter rudern, der das Kriegsschiff im Hafen mit dem Land verbindet.
20. Disziplinarordnung im Krieg.

Die Kriegsartikel werden vorgelesen:
»... ist verboten, wird bestraft! Mittelarrest, strenger Arrest, Festung, Degradierung, Zuchthaus, Erschießen!«
Aber das Essen wird nicht besser.
Und Drohungen machen nicht satt.
»Prinzregent Luitpold«! 31. Juli, abends zehn Uhr. Die III. Heizerwache[21] kommt von der Arbeit. 50 Mann, mit Sand und Seifenersatz haben sie sich, so gut es geht, abgeschrubbt. Sie sind nackt, haben nur Holzpantinen an, tragen in der einen Hand, in das Schweißtuch eingepackt, ihr dreckiges Heizraumpäckchen und ihren Waschkram. So kommen sie in die Wohnkasematte.
Vor der Befehlstafel staut sich der Haufen.
»Da bleibt dir die Spucke weg!« – »Der Ingenieur ist wohl verrückt geworden?« – »Wir haben doch morgen Freizeit! Kinodienst war angesetzt!«
Aber da steht es auf dem schwarzen Brett: »III. Heizerwache morgen früh 8 Uhr 30 militärischer Dienst!«
Nach der Arbeit vor den Kesseln Infanteriedienst auf dem großen Wilhelmshavener Exerzierplatz! »Statt Kino auf den großen Schleifstein!« – »Da bist du platt!« – »Das haben sie gemacht, weil wir mehr Seife verlangt haben!« – »Diese Saubande, die Fresser! Und die haben noch Toilettenseife in ihren Kommoden!« – »Das haben sie, ganze Schachteln voll! Das habe ich selbst gesehen!« – »Wißt ihr, was die von der ›Pillau‹ gemacht haben? Die sind auch beschwindelt worden und haben keinen Urlaub gekriegt. Da ist die ganze Besatzung ausgerückt und erst abends wieder an Bord gekommen!«
»Laß mir mal da an das Brett ran!«
Einer der Heizer drängt sich vor. Ein Stück Kreide hat er in der Hand und schreibt quer über den Befehl: »Wenn morgen kein Kino, dann Ausflug ohne Erlaubnis!«
Am nächsten Morgen nach dem Kaffeetrinken ruft der wachthabende Maat den Befehl aus: »III. Wache vor der Gewehrkammer antreten!«

21. Schichtwechsel der Heizer.

Aber die Wache tritt nicht vor der Gewehrkammer an. Einzeln verholen sie sich über das Fallreep und sammeln sich an Land unter der Jachmannbrücke. Mit 49 Mann ziehen sie durch das Werfttor, marschieren durch die Stadt zum Deich.

Zum Mittagessen kehren sie an Bord zurück.

»Das beste wäre, wenn man die ganze Bande an den Geschützturm stellt und alle erschießt!« erklärt ein Obermaat[22], als sie über das Fallreep steigen.

Zwei Uhr Kommandantenrapport! Die 49 sind auf dem Oberdeck angetreten, Kommandant, I. O.[23], Divisionsoffizier[24] schreiten die Reihe ab und mustern die Gesichter.

»Vortreten!«

»Vortreten!«

Elf Mann werden ausgesucht: »14 Tage strenger Arrest! 21 Tage Mittelarrest! Degradierung!«

Elf werden bestraft. Der Rest darf wegtreten.

An diesem Abend nach »Pfeifen und Lunten aus!« kommt keine Ruhe ins Schiff. Im Dunkeln sitzen sie unter den Hängematten und sprechen über das Vorgefallene. Und in der Werft hocken eine Anzahl in einem Eisenbahnwaggon. Deckskulis und Stoker vom »Prinzregent«, ein paar Mann von »Friedrich der Große«, einige von dem Kleinen Kreuzer »Pillau«.

»11 von 49! Und wie der Divisionsoffizier sie rausgesucht hat, den langen Willem, weil er immer so unrasiert rumrennt, überhaupt alles Gesichter, die ihm nicht gefallen!«

– »Das können wir uns nicht mehr bieten lassen! Diese Willkür muß aufhören!« – »Und diese ewige Schufterei!« – »Und das Kohldampfschieben!«

»Bei uns auf ›Thüringen‹ – – acht Tage sind es her, mittags, als sie in der Messe[25] beim Fressen saßen! Da haben wir den

22. = Feldwebel (Heer).
23. Erster Offizier.
24. *Division:* Matroseneinheit auf einem Kriegsschiff unter einem Offizier.
25. Kantine. Mannschaften, Unteroffiziere und Offiziere hatten unterschiedliche Räume und Küchen: Rangunterschiede als Klassenunterschiede. Deshalb meuterten 1918 zuerst die Matrosen. Der Frontoffizier des Heeres lebte wie

64

Schlauch dazwischengehalten. Und da war Druck hinter. Die Schüsseln und Teller, alles an Deck. Und die Offiziere, die an die Tür wollten, den Wasserstrahl rin in die Fresse und auf den Bauch. Die lagen gleich auf dem Arsch!«

»Und nachher, was ist passiert?«

»Nischt! Die sind in ihre Kammern und haben sich umgezogen. Weiter haben sie sich nichts merken lassen, keine Untersuchung, gar nichts! Wenn das rausgekommen wäre, hätten sie ja den Zylinder gekriegt! Jetzt rennen sie alle mit ihren Brownings in den Hosentaschen rum!«

Ein halbes Hundert Matrosen und Heizer sitzen in dem Waggon und sprechen über die Vorkommnisse auf den verschiedenen Schiffen: Auf »Helgoland« sind Geschützteile über Bord geschmissen, auf »Friedrich der Große« Spanntaue und Bootsläufer durchschnitten worden.

Die Waggontür ist geschlossen, und es ist ganz dunkel. Nur wenn eine Pfeife aufglüht, sieht man ein Gesicht schimmern, oder wenn ein Streichholz angesteckt wird, flackert einen Moment lang die Kopf an Kopf gedrängte Versammlung auf.

»Kameraden! Wir sind hier wegen der elf ›Prinzregent‹-Heizer zusammengekommen...«

»Wir wollen alle bestraft werden, oder keiner!«

»Halt doch mal's Maul! Laß mal den Alwin reden!«

Alwin Köbis beginnt wieder:

»Kameraden! Die Deckskulis und Stoker auf ›Prinzregent‹ wollen von uns einen Vorschlag. Wir müssen uns einig werden, was geschehen soll! Auf welche Art wollen wir protestieren?«

»Am besten, wir machen morgen mit der ganzen Besatzung einen Ausflug und lassen den Kahn mal ohne Mannschaft liegen!«

»Da bin ich entschieden gegen! Das müssen wir uns aufheben, bis wir mal zu einem großen Schlag ausholen!« –

»Jawohl, Alwin hat recht! Wir dürfen die Offiziere nicht

seine Soldaten, aber auch dort gab es Sozialkonflikte in der »Etappe« und in der »Heimat«.

vorzeitig alarmieren!« erklärt auch der Heizer Beckers. »Ich schlage vor, wir holen die elf Mann aus ihrem Loch raus und verlangen vom Kommandanten Straflosigkeit!«

»Nein, wir müssen mal die Zähne zeigen!«

»Wir marschieren!«

»Wir marschieren!«

»Aber wir halten die Kriegsbereitschaft ein und kehren nach drei Stunden geschlossen zurück. Es geht um mehr, und es lohnt nicht, wegen dieser Geschichte als Meuterer vor Gericht zu kommen!«

»Einverstanden!«

»Wir marschieren!«

»Bis zum Deich! Nach drei Stunden sind wir zurück!« –

»Und wenn der Kommandant die elf nicht freiläßt?« –

»Dann sind wir vom ›Dicken Fritz‹ auch noch da! Dann fliegt ›Friedrich der Große‹ auch aus!« – »Und bei uns geht noch mehr kaputt als bloß ein Akkumulator!« erklärt ein ›Pillau‹-Mann.

»Wir haben alle denselben Hunger!«

»Und dasselbe Offizierspack!«

Langsam wachsen die Umrisse der im Hafen liegenden Schiffe mit ihren Aufbauten, Brücken und Geschütztürmen in den Tag. Der aus den dicken Schornsteinen quellende Rauch verliert sich gleich in der grauen Luft. Der Himmel ist in mächtiger Bewegung. Westwind, schnell aufkommende graublaue Wolkenmassen! Schwere Regenböen waschen auf die Schiffsdecks nieder.

Die Prinzregentmannschaft hat ihren Kohlrübenkaffee runtergestürzt. Die Mannschaftsräume leeren sich. Über das Fallreep ergießt sich ein Strom von Heizern und Matrosen in die Werft hinunter. Bis es dem wachthabenden Offizier auffällt und er das Fallreep sperren läßt.

Der Weihnachtsbrief blieb der letzte, den Johanna von ihrem Verlobten bekam. Sie wußte nicht, wie sie das deuten sollte. Wohl ahnte sie, daß in ihm viel vorgehen mußte, aber es kränkte sie, daß er sie daran nicht teilnehmen ließ. Und sie dachte wieder an den Brief, in dem er ihr geschrieben hatte, daß ihre Unruhe in der Ehe gestillt sein würde. Litt er daran, daß er sie nun doch noch nicht heiraten konnte? Wie gerne hätte sie ihm geschrieben, daß es das gar nicht sei, was ihr fehle. Wie gerne hätte sie ihn beruhigt, aber sie fühlte, daß die andere Unruhe, das Bedürfnis nach Tätigkeit und Selbständigkeit in ihr ihn vielleicht noch mehr erregen würde. So schrieb auch sie ihm nicht mehr.

Sie versuchte, der Mutter den Gedanken, daß sie Krankenschwester werden wollte, etwas näherzubringen. Sie muß doch einsehen, sagte sie sich, daß ich hier nicht mehr so leben kann. Else schüttelte zwar den Kopf und meinte: »Du wirst nur weiterkommen, wenn du niemand um seine Zustimmung bittest.«

Aber Johanna wollte nichts unversucht sein lassen.

Sie ging eines Abends mit der Mutter zum Grabe des Vaters, das sie mit Blumen schmücken wollten. Die Mutter sprach davon, wie arbeitsam und fleißig der Vater gewesen sei. »Er hatte keinen anderen Wunsch, als den, euch beide in einer guten gesicherten Vermögenslage zu wissen. Es war ihm unerträglich zu denken, daß ihr vielleicht einmal Not leiden müßtet.« Johanna atmete schwer und sagte: »Glaubst du nicht, daß er es gerade deswegen gerne gesehen hätte, wenn wir es gelernt hätten, Geld zu verdienen, wenn wir vielleicht in selbständiger Stellung...« Frau Bungert blieb mitten auf dem Wege stehen und löste ihren Arm aus dem ihrer Tochter: »Wie meinst du das? Es war bisher in unserer Familie nicht üblich, daß die Töchter wie Dienstmädchen oder Wäscherinnen gehalten wurden.« Johanna biß sich auf die Zunge und versuchte, ruhig zu bleiben. »Ich will ja auch keine Wäscherin werden«, sagte sie dann leise. »Ich will nur Krankenschwester werden.«

Erschöpft setzte sich Frau Bungert auf eine Bank. »Daß du mir auch keinen ruhigen Tag läßt«, sagte sie seufzend. »Du weißt doch, was ich davon halte.« Johanna setzte sich neben die Mutter und ergriff ihre Hände. »Ich habe nun einige Monate gewartet«, sagte sie. »Ich dachte, du würdest inzwischen von selber Freude an diesem Plane finden. Ich gehe dann morgens in das Krankenhaus und arbeite und abends bin ich bei dir. Schließlich hast du ja auch Else.« Frau Bungert stützte den Kopf auf die Hand. »Else ist mir kein Trost. Im Gegenteil, ich kann gar nicht mehr mit ihr sprechen. Sie ist so hochmütig geworden. Sie tut, als wenn sie in den Kolonien die einzigen gewesen sind, die gearbeitet haben. Ich kann das nicht vertragen, denn es ist eine Anmaßung.« – »Else hat ein schweres Schicksal gehabt, Mutter, das macht sie vielleicht ungerecht«, versuchte Johanna zu erklären. Aber die Mutter wollte sich nicht überzeugen lassen. »Ich komme mir fremd in meinem eigenen Hause vor«, sagte sie. Johanna sah vor sich hin auf den Sand. Sie hatte nicht viel zu sagen zu dem, was die Mutter ihr klagte. Es war wahr, daß sie und Else es an der nötigen Einigkeit mit der Mutter fehlen ließen. Aber sie sollten sie daran ändern? Und plötzlich überfiel sie eine heiße Angst. Sollte es vielleicht doch so sein, daß die Schwester und sie der Mutter unrecht täten mit ihrer Hartnäckigkeit? Sollten sie vielleicht auf einem verkehrten Wege sein? Aber sie zwang die Angst nieder und sagte nur: »Wir wollen es vorläufig mit der freiwilligen Schwesternorganisation versuchen. Ich trete ein. Dann wird sich das weitere finden.«

Aber Frau Bungert war nicht beruhigt. »Was willst du nur sagen, wenn Klaus zurückkommt?« fragte sie fast hilflos. »Der Krieg kann jetzt jeden Tag zu Ende sein, es handelt sich nur noch um die Frühjahrsoffensive, und dann wird alles im alten Geleise gehen. Was willst du dann aber als Krankenschwester machen? Es hat gar keinen Zweck.« Johanna empfand einen tiefen Schmerz bei diesen Worten der

Mutter. Sie fühlte, daß sie ihr nicht sagen konnte, was sie von Klaus über den Ausgang des Krieges gehört hatte, jetzt konnte sie ihr das weniger als je sagen. Und so war gar keine Aussprachemöglichkeit gegeben. Sie stand von der Bank auf, auch Frau Bungert hatte sich erhoben.

»Ich werde Krankenschwester werden«, sagte sie. »Es ist in meinen Augen einerlei, ob der Krieg lange Zeit dauert oder bald zu Ende ist. Das hat damit nichts zu tun.« Frau Bungert sah erstaunt in das Gesicht ihrer Tochter, das hart und fest geradeaus gerichtet war. Es ist nichts zu machen, dachte sie und ging langsam den Weg zum Grabe ihres Mannes hinunter. Aber die Blumen, die sie ihm auf das Grab legte, waren kein Zeichen ihres liebenden Gedenkens. Er hatte auch so einen harten Kopf und war so ehrgeizig. Das ist nicht in meiner Familie, dachte sie. Das kommt von ihm. Sie dachte mit Wehmut an den einzigen Sohn ihrer Ehe, der sehr früh an einer Kinderkrankheit gestorben war. Für den hätte es getaugt, so hart zu sein.

Am Abend war eine vaterländische Zusammenkunft im Hause des Direktor Hart. Frau Bungert ging mit ihren beiden Töchtern hin. Vielleicht würde es ja gelingen, Johanna dort bessere Gedanken beizubringen. Denn im Hause Hart wehte ein anderer Geist, als ihn Johanna und Else hatten. Sie traten in die Vorhalle ein. Es hingen dort viele Mäntel. Die Gäste waren also schon zahlreich versammelt. Frau Bungert wies auf das kleine schwarz-weiß-rot umrahmte Schild, das an der Tür befestigt war. »Sei deutsch in Wort und Gruß«, stand darauf. Sie selber konnte sich das »Adieu« noch immer nicht ganz abgewöhnen. Auch manches andere ihr gar so geläufige Fremdwort fuhr ihr immer und immer wieder über die Zunge. Aber sie gab sich äußerste Mühe, sich der neuen deutschen Worte zu bedienen.

Else aber konnte sich einer spöttischen Bemerkung nicht enthalten: »Wenn sie sich das an die Tür nageln müssen, daß sie deutsch reden wollen, ist das ein schlechtes Zeichen.« Johanna sah die Schwester bittend an, wenigstens jetzt nicht die Mutter zu erregen, und in dieser Stimmung mühsam bewältigten Ärgers betraten die drei Damen das Gesellschaftszimmer. Hier bewegte sich in einer mäßigen Beleuchtung eine zahlreiche Gesellschaft. Herren und Damen standen in Gruppen zusammen in schlichtem Anzuge und diskutierten über die Ereignisse der letzten Tage. Zeitschriften lagen herum auf den Tischen. Man zeigte sich wichtige Artikel, besprach den Inhalt einiger Aufsätze und Reden. Besonders ein kleines gelbes Heft mit den Aufsätzen eines Ausländers in deutscher Sprache, der sich als Deutschenfreund und leidenschaftlicher Vertreter des deutschen Gedankens erwiesen hatte, wurde gerühmt und als ein Beweis edelster Menschlichkeit hingestellt. »Es ist wunderbar«, sagte ein Oberlehrer, »wie dieser Vertreter einer uns feindlich gesinnten Nation aus innerstem Gefühl und in freier Wahl sich zum Deutschtum bekennt. Darin liegt ein sicheres Zeichen, wie überzeugend unsere Werte jedem vorurteilsfrei denkenden Manne sein müssen.« – »Ja, er verdient die größte Bewunderung. Hat er sich doch durch die Hemmungen seiner eigenen Nationalität hindurch zu dieser Erkenntnis und Anerkennung des Deutschtums finden müssen«, sagte ein anderer Herr. »Glauben Sie, daß man die Bewunderung eines Deutschen für das Ausland im umgekehrten Falle im Ausland so ernst nehmen würde, wie wir das bei diesem Schriftsteller tun?« fragte jetzt ein Herr mit einem Spitzbart und scharfen Augen. Er hatte einen Kopf wie ein Fuchs. Dieser Eindruck wurde noch besonders dadurch verschärft, daß er rotes Haar hatte. Er war als ein Sonderling bekannt, der nirgends hingehörte und doch überall zugegen war. Was er eigentlich trieb, wußte man nicht so recht. Er galt für ungewöhnlich klug und belesen und im Grunde fürchtete ihn jedermann. So wurde auch jetzt die Unterhaltung in dem Augenblicke, wo man seine Gegenwart fühlte, gestört. Man wußte nicht recht auf seine Frage zu antworten, fühlte irgendwie den Sinn dessen, was er gesagt hatte, und alle verzogen sich mit leisen Bemerkungen an andere Tische. Der Herr mit dem Fuchskopf stand plötzlich allein. Er lächelte unmerklich und ging mit seinen nachlässigen Schritten, die vielleicht äußerlich das imponierendste an ihm waren, auf eine Damengruppe zu.

»Sie kommen aus Afrika, gnädige Frau«, wandte er sich an Else Hell. Else nickte nur. Sie sprach ungern über Afrika und hatte sich besonders für diesen Abend vorgenommen, allen Fragen, die sie wahrscheinlich reichlich bestürmen würden, auszuweichen. Aber der Herr mit dem Fuchsgesicht ließ nicht locker. »Gestatten Sie, Rohde«, stellte er sich mit einiger Aufdringlichkeit vor. »Sie werden vielleicht schon von mir gehört haben.« Else verneinte. Niemals hatte sie von diesem Menschen gehört. Aber da sie nicht mehr gut ausweichen konnte, ließ sie sich seine Fragen gefallen. »Wie fühlen Sie sich nun nach Ihrem Aufenthalt in Afrika im lieben Vaterlande?« Er sprach das Wort »lieb« so gedehnt, daß Else lachen mußte. Er hatte etwas Aufreizendes. »Warum fragen Sie mich danach?« wich sie dann aber doch aus. Er lachte jetzt gleichfalls und trank einen kleinen Schluck von dem Tee, der herumgereicht wurde. Es war ein Tee aus inländischen Blättern und erinnerte ausgesprochen an die Kinderkrankheitstage. Dann sagte Herr Rohde: »Es muß doch interessant sein, den Unterschied zwischen Heimat, d. h. Mutterland, und Kolonie festzustellen. Mich würde das unbedingt sehr reizen.« Else sagte: »Der Unterschied ist allerdings größer, als man vielleicht denkt. Man ist hier sicherer und ruhiger als da draußen.« Er nickte ein paarmal wie nachdenkend mit dem Kopf. Dann sagte er leise: »Glauben Sie, gnädige Frau, auch hier im Lande sind nicht alle so sicher und ruhig wie unser guter Freund Hart.« Sein Gesicht wurde bei diesen Worten weicher und menschlicher. Sie hatte den Eindruck, daß hinter diesem seltsamen Äußeren ein guter Kern steckte. »Wer ist er eigentlich?« erkundigte sie sich nachher bei einem der zahlreich vertretenen Lehrer. »Oh, ein sehr unsympathischer Mensch, ein eingebildeter Nörgler. Übrigens« – der Lehrer beugte sich etwas vor – »einer von denjenigen, die nicht fürs Vaterland sterben.« Else sagte mit gespieltem Gleichmut: »Denkt er aber vielleicht nicht doch mit Ernst an das Schicksal unseres Landes? Wenigstens tat er mir gegenüber so.« – »Natürlich, gnädige Frau, das ist ganz erklärlich. Er wird doch nicht einer jungen Dame, die soviel für die Kolonien gelitten hat, etwas anderes sagen wollen.« Else sah Herrn Rohde prüfend aus der Ferne an. Er schien wirklich nicht zu den faden Schmeichlern zu gehören. Sie schüttelte den Kopf. War das üblich in Deutschland, daß man sich in der Gesellschaft so über seine Nächsten unterhielt?

Aber sie wurde in ihren Betrachtungen unterbrochen. Man setzte sich um die Tische, und Herr Hart trat an eine Karte heran, die an der Wand angebracht war. Er hatte mit kleinen Fähnchen die Stellung der verschiedenen Heere eingezeichnet. Nun schilderte er die Situation der Armeen dahingehend, daß jetzt im Frühjahr die Entscheidung fallen müsse. Die Heeresleitung würde so und so handeln, dann müßte der Feind so und so antworten, und der Friede würde dann spätestens im Juni erfolgen. Dann las er einen Brief seines Sohnes von der Westfront vor. Johanna hielt die Hände im Schoß und sah mit erstarrtem Blicke auf das Stück Papier, von dem ihr Schwiegervater las. Wie war es möglich, daß Klaus an seine Eltern solche Briefe schrieb, während er ihr selbst... Sie dachte an seinen Weihnachtsbrief, der der letzte gewesen war. Das war es also: seinem Vater gegenüber hielt er sich eine Maske vor, ihr gegenüber hatte er sie abgelegt, deswegen schrieb er ihr nun nicht mehr.

Sie sah sich im Kreise um. Da saßen nun alle die guten Leute, die Herren Lehrer, die Damen, die Vertreter der geistigen Schicht der Stadt, und sie alle hörten auf die Worte des Briefes und glaubten an sie. Und doch war es nicht wahr, es war eine Lüge, was da vorgelesen wurde. Ein Sohn hatte es den Eltern vorgelogen, um sie nicht zu erregen, und diese Eltern beruhigten mit dieser Lüge viele andere. Schreien hätte sie mögen vor Erregung. Sie hätte aufspringen mögen und rufen: Fangt nicht diesen Betrug an, seid offen und seht euch ins Gesicht, ehe es zu spät ist. Aber sie saß still auf ihrem Stuhl und sah auf den Schwiegervater und den

Brief, den er in der Hand hatte. Er war auch auf grauem Papier geschrieben. Warum Klaus wohl aus dem Felde immer auf grauem Papier schreibt?

Nachdem Hart seinen Vortrag beendet hatte, erhob sich ein junger Dichter. Er war Referendar und sah sehr blaß aus. Er sprach einige seiner Gedichte. Das eine hieß: »Ich sterbe, die Kugel hat mich mitten ins Herz getroffen.« Er stand an die Wand gelehnt neben der Karte mit den kleinen bunten Fähnchen und hatte den Kopf zurückgeworfen, so daß seine Augen zur Decke sahen. Er röchelte die Verse wie ein Ertrinkender. Alle waren aufs tiefste erschüttert. »Daß er so blaß und rot wird, zeigt, wie er es miterlebt«, sagte Frau Rat zu Frau Bungert, und beide Damen drückten sich die Hand. Das sei wirklich echte Kunst.

Dann erhob man sich, es wurde noch einmal Tee herumgereicht, und auch dünngeschnittene Stückchen der Kriegstorte wurden angeboten. Das Rezept für die Kriegstorte hatte Frau Hart selber erfunden. Es gehörte seitdem zum guten vaterländischen wie gesellschaftlichen Ton, seine Gäste mit dieser Torte zu bewirten.

Während sich die Herren in die Erörterung des Vortrages von Herrn Hart vertieften, zogen sich die Damen in ein Nebenzimmerchen zurück. »Ich mag nicht viel von der Politik hören«, sagte die kleine blasse Frau des Arztes. »Die Männer verstehen ja alles doch besser und unsereiner hat schließlich mit seiner Ansicht nicht viel zu bedeuten, da wir doch nicht wählen können.« Alle Damen lachten. Frauen und wählen – das schien ein gar zu lächerlicher Gedanke. Johanna sagte schüchtern und etwas errötend: »Aber es gibt doch schon so viele Bestrebungen, das Frauenwahlrecht einzuführen. In England und in Frankreich, auch in Deutschland gibt es sogar einen Verein für das Frauenstimmrecht.« Alle sahen sie verblüfft an. Die Mutter wurde unruhig: »Sie liest die Zeitung von vorne bis hinten«, sagte sie. »Da erfährt sie dann auch solche Sachen.« – »Nun ja«, sagte eine Frau mit einem merkwürdig lauten und vollen Organ, »es sind da natürlich Bestrebungen im Gange, aber das werden doch die Männer nie erlauben. Und welche Frau will sich denn schließlich in eine solche Situation vor den Männern bringen?« – »Das sind doch nur einige Blaustrümpfe«, hieß es, »die keinen Mann bekommen.« Johanna sagte gar nichts mehr. Sie konnte nicht verstehen, daß die Frauen es nicht ersehnten, mit am Vaterlande wirken zu können! Sie konnte das nicht begreifen und war enttäuscht.

Frau Bungert benutzte die Gelegenheit, um Johanna noch weiter mit der Meinung der Damen über ihre Gedanken bekannt zu machen. »Johanna hat überhaupt so wunderliche Einfälle«, sagte sie. »Sie will jetzt sogar einen Beruf ergreifen.« – »Was will sie denn?« wurde gefragt. Frau Bungert lachte. »Erst einmal will sie hier im Krankenhause einen Kursus mitmachen. Dann will sie weitersehen.« Johanna fühlte die Blicke der Damen um sich herum auf sich gerichtet. Sie zürnte der Mutter im geheimen, daß sie die Sache hier so lächelnd erzählte. Dann aber hob sie den Kopf und sagte mit scharfer Stimme, über die sie sich selbst wunderte: »Das kann man hier nicht erörtern, was ich mir denke.« Alle Damen sahen sie erstaunt an. Jede dachte im stillen: Wie kann es angehen, daß dies Mädchen so eigenwillig geworden ist? Was mag der nur geschehen sein? Sie benimmt sich ja fast ungezogen. Aber man sagte das nicht laut, sondern einige lächelten, und einige sagten, daß es ganz nett sei, Krankenschwester zu sein und anderen Gutes zu tun, und andere sagten, sie solle auch an ihre Mutter denken. Eine Flut guter Worte ergoß sich über sie, und sie atmete auf, als die Unterhaltung sich anderen Fragen zuwandte.

Schließlich brach man auf. Händeschütteln und Schlußworte dauerten freilich noch einige Zeit, aber dann befand man sich endlich auf der Straße. Schweigend in ihre Gedanken vergraben begaben sich Mutter und Töchter in ihre Wohnung. Frau Bungert hatte das Gefühl, daß auch die anderen Damen nicht viel mit Johannas Plänen anfangen konnten, und das beruhigte sie etwas.

12. Arnold Zweig: Schön ist die Jugend

Schwester Bärbe ließ ihren weiten Schwesternmantel im Vorraum des kleinen Holzhauses, das Oberleutnant Winfried aus drei oder fünf Dutzend ähnlicher – ohne Türen und Fenster zumeist – am östlichen Rande der Stadt für sich gewählt und mit Hilfe von Handwerkern der Kommandantur in wenigen Tagen aufs behaglichste verzaubert hatte. Auf den Holzdielen des Zimmers, das sie jetzt betrat, lag ein Teppich, gute englische Marke, in freundlichen grünen und rosa Mustern. Eine grüne geblümte Tapete schuf Traulichkeit; Tisch, Diwan, Bücherbord und ein ausschweifender Sessel, gelblichgrüner Plüsch, Nußholz der achtziger Jahre, lud am Fenster ein, auf die knospenden und wehenden Birken hinauszusehen, an die unmittelbar Feld und Wiesen der Landschaft drängten. Nur die kleine elende Fahrstraße, die die Stadt umkreiste und nach vielen Richtungen ins Freie mündete, trennte das Haus von dem anbrandenden Frühling. Auf durchbrochener Tischdecke wartete Teezeug für zwei Personen. Der Bursche, Herr Posseck, in hochgeschlossener Litewka, brachte den Teekessel, schlug die Hacken aneinander und verschwand.

Ein Bursche ist ein Mensch von fünfundzwanzig Jahren oder auch von fünfunddreißig, der froh ist, als Dienstbote eines zweiundzwanzigjährigen Leutnants, der aber auch achtzehn oder neunzehn sein kann, untergeschlüpft zu sein – ihm die Stiefel zu putzen, die Kleider zu reinigen, aber allmählich auch in alle intimsten Dienstleistungen und Vertraulichkeiten seines Herrn hineinzuwachsen. Dies ist die Zeit, da für einsichtige Männer Sklaverei verlockender und lebensrettender ist als ein Heldendasein in Lehm, Geschnauze, Donner und Tod.

Schwester Bärbe lugte in einem plumpen Mantillenkleide aus blau und weiß gestricheltem Stoffe aus dem Fenster. Er wird doch nicht etwa einregnen, dachte sie auf schwäbisch; und wer sie so sah, mußte sie für eine runde Dreißigjährige halten. Wunderlich nämlich, wie viel zu klein, saß der zierliche schwarzäugige Kopf mit dem kleinen Munde und den blitzenden Blicken auf einer Wirtinnengestalt. Sie trat leicht seufzend ins Schlafzimmer nebenan, wo ein greiser Spiegel über dem Waschtisch ihre ungefüge Tracht grünlich abbildete; fröhlich lachte sie sich zu, begrüßte ihr Spiegelbild als Stuttgarter Geschirrverkäuferin auf dem Topfmarkt neben dem Schloßplatz und schwäbelte mit ihm so hurtig wie eine Schwalbe. Mit ihrer Freundin Schwester Sophie versah sie selbständig und ohne viel Hilfe eine Typhusstation, auf der dreißig schwerkranke Bosniaken, viel zu spät eingeliefert, langsam hinstarben. Aus Kampfkompanien, die man zwischen preußische geschachtelt hatte, lagen diese dreißig braunen, dem Tode ausgelieferten Soldaten in einer Umgebung, die keine Silbe Bosnisch oder besser Serbisch verstand, stumm, ohne Worte, geduldig und wie kleine Kinder den beiden Schwestern anheimgegeben und den Ärzten, von denen ein Dr. Lachmann sich wenigstens auf polnisch mit ihnen, wenn auch nur notdürftig, verständigen konnte. Sie hatten es gut getroffen mit Schwester Sophie und Schwester Bärbe. Sie hätten ebensogut an Durchschnittspflegerinnen geraten können, die ihren Dienst taten – ohnehin ziemlich schweren Dienst – und nichts darüber. Sie aber betreuten zwei Frauen echten Karats, und nach sechs Tagen schwerer Arbeit, tags und nachts, war heut Schwester Bärbes freier Nachmittag.

Sie verbrachte ihn bei ihrem Freunde. Sie öffnete Herrn Oberleutnants Kleiderschrank und entnahm ihm – ein Augenblick, der einen streng dienstlichen Vorgesetzten zur steinernen Säule verzaubert hätte –, entnahm ihm am hellichten Tage ein reizendes hellrotes, mit bunten japanischen Stickereien verziertes Teekleid, rosenrot gefüttert in ziegelroter Seide, und zog sich um. Gleich stand in Hemd, Höschen und Seidenstrümpfen die zierlichst gewachsene Schwäbin aus gut bürgerlichem Hause vor dem Spiegel. Plötzlich, von der Haube befreit, haftete nichts Groteskes mehr an diesem blanken Vogelkopfe mit dem spitzen Kinn und dem herzförmig geschürzten Munde; in anmutigem

Ebenmaß hielt er sich auf dem Hälschen und den schönen bräunlichen Schultern. Schwester Bärbe! Bärbe Osann, in ihrer zwanzigjährigen jungen Fraulichkeit, die Tochter einer großen schwäbischen Familie von Konrektoren und Tübinger Universitätsprofessoren, seit zweieinhalb Jahren Krankenschwester des Roten Kreuzes und in allen Anstrengungen des Dienstes aufs beste bewährt... Als der rote schwere Kimono ihre Glieder umhing, stand nicht einmal mehr das Gesicht unverändert im Spiegel. Dies hier, mitten in der freudlosen Öde von Merwinsk, an der Grenze von Etappe und Kriegsgebiet, in der starr auf Befehl und Gehorsam gestellten männlichen Barbarei, gehörte Bärbe Osann, einer jungen Frau von 1914, in deren Bewegungen und klugen Augen die wirklichen Kräfte des schöpferischsten Stammes der Deutschen und fünfzig Jahre friedlicher Vergeistigung spielten und die gegen das Gesetz der Zeit, des Ortes und der zerfetzten Menschenwelt für Augenblicke in jeder Woche ihre Person durchsetzte.

In kleinen zarten Schuhen aus Warschauer Lackleder ging sie ins Wohnzimmer zurück und hörte dem Kessel zu, in dem elektrisch bedrängt das Wasser summte. »Er wird naß werden«, sagte sie sich am Fenster, denn Regenlicht lag über dem heftigen Grün der frischen Felder, »er hat nicht einmal den Umhang mit.« Aber da glitt er schon auf seinem Rade von der Straße in den Garten herein, der, ganz verwildert, mit Fliederbaum voll Knospen und Rosensträuchern, durch einen wackligen Zaun von der Straße sich abschloß – einen Zaun, moosgrün, silbrig, halb vermorscht, der zu den seidengrauen Balken des Holzhauses in jenem zärtlichen Farbenspiele stand, das Paul Winfrieds Auge damals zuerst für sein Häuschen einnahm. Durchs aufgerissene Fenster fuhr ihr schwarzer gescheitelter Kopf; noch einen Blick seines strahlenden Jungengesichtes, ihr emporgewandt, vermochte sie zu fangen, dann hörte sie ihn drei Stufen auf einmal die kurze Stiege ins Obergeschoß emporsausen. Unten Küche und Zimmer waren Herrn Possecks Reich.

Er nahm sie begeistert und behutsam in seine Arme, behutsam der Knöpfe am Waffenrock wegen, die schon manche Verheerung in der Stickerei des Teekleides angerichtet hatten; dann saß sie auf seinen Knien in dem großen grünlichen Sessel, der leise ächzte. Sie liebten einander. Da beide nicht sicher waren, das nächste Vierteljahr zu überleben, weil Division Lychow jeden Augenblick an einer Stelle im flandrischen Lehm oder dem tödlich zerhagelten Kalkstaub der Champagne geworfen, Schwester Bärbe aber trotz aller Vorsicht vom Typhus oder einer mißachteten Erkältungskrankheit beiseite geschleudert werden konnte, gaben sie einander, was ihre Jugend sich zu geben vermochte. Sie hofften beide, den Krieg zu überdauern, sahen aber keinen Grund, in der Scheinheiligkeit der Heeresatmosphäre zu ersticken. Bei der überwältigenden Masse von Männern des Heeres stand jede Pflegerin, auch die kümmerlichste, im Brennpunkt der Wünsche von Hunderten; unter der Oberfläche protestantischer Sittsamkeit und preußischer Tugend lebten die Männer und Frauen, wie sie es dem Augenblick abtrotzten. Bevor Bärbe dem Freunde ins Nebenzimmer folgte, befreite sie aufmerksam den unglücklichen Teetopf von seinem stromführenden Kabel.

Später, im leichten Dämmern, tranken sie dann Tee. Bärbe plauderte allerlei: Winfried, die Zigarette zwischen den Fingern, sah sie mit halbgeschlossenen Augen an. Er sagte mitten hinein: »Ich sage dir, es kann so kommen, daß wir eines Tages in der Erinnerung an diesen Monat, an unsere Monate, unseres Lebens schönsten, glücklichsten Teil sehen werden. – Wie lange wir hier noch nötig sind? – Wissen allein die da drüben. Es heißt ja: sie wollen noch einmal anfangen. So verkorkst ist unser Leben jetzt, daß wir darüber froh sein müssen, denn stoppt es hier endgültig ab, sind wir geliefert, Bärbe.«

Und die beiden jungen Herzen empfanden, wie mitten durch sie der Riß der Epoche ging, der die Schwächen und Leidenschaften der Friedensmenschen und ihre Sehnsucht zu etwas Gutem und Wünschbarem umwertete, wenn man sie an dem wilden Grauen maß, das an den Rändern der

Welt beständig brodelte und krachte und Männer fraß, Jugend auslöschte, Glieder verstümmelte, Hoffnungen endgültig das Genick brach.

Winfried berichtete vom Dienst. Was es für Zufälle gab! Da hätten sie beinahe einen Mann erschossen nach rechtskräftigem Urteil, der gar nicht er selber war. So erzählte er ihr die Sache Bjuschew, von diesem Überläufer, der nach der Urteilsverkündung – Todesurteil natürlich wegen Spionage – ihm vor dem Dolmetsch mit allen Zeichen wilder Aufrichtigkeit beteuerte, er sei gar keiner, vielmehr ein Kriegsgefangener, von irgendwoher ganz hinten in der Etappe ausgebrochen, weil ihn nach Hause verlangte und er die Entlassung nicht erwarten konnte – geflüchtet, weil doch Revolution drüben jetzt dem Krieg ein Ende machte. »Nun heißt er auf einmal Grischa Iljitsch Paprotkin, gibt genau das Lager an, die Kriegsgefangenenkompanie, zu der er gehörte, den Namen des Feldwebels, seines Gruppenunteroffiziers – schwer zu erschwindeln oder spielend leicht zu prüfen. Wenn's stimmt, ist er gerettet.«

Bärbe mit weiten Augen dringlich am Gesichte des Freundes: »Stimmt's?«

»Abwarten. Posnanski nahm heut mittag seine Aussagen zu Protokoll. Dann Vortrag beim Onkel; er lag in der Badewanne, hatte die Geschichte schon fast vergessen wegen seines Ärgers mit dem Chef der MED.« (Bärbe verstand alle Abkürzungen wie nur irgendein Soldat, wußte, daß MED die Militäreisenbahndirektion bezeichnete und daß auch ihr eigener Urlaub vom Erfolge des Divisionskommandeurs abhing, und nahm natürlich heftig daran teil.) »Die Vollstreckung, das kann der Bursche für sich buchen, wird zunächst einmal ausgesetzt, und wie die Leute schon sind, heutzutage! Brettschneider bost sich darüber. Er findet, daß wir seinen Dienstbetrieb leichtfertig verunstalten.«

Bärbe schüttelte ihr Haar, das sie noch nicht wieder aufgesteckt hatte, zwei lange Zöpfe rechts und links über den Ohren. »Großer Gott«, sagte sie, »überall der Ressortfimmel. Und was weiter mit dem armen Kerl?«

»Kannst du fragen? Recherchen.« (Rächerchen, sprach er aus.) »Posnanski bekam Befehl und Vollmacht. Du solltest dir den Rußki mal ansehn, ein Staatskerl mit Kalmückenaugen und was ganz Kinderlichem im Gesicht. Dabei hat er das Georgskreuz von Przemysl her, und wie er sich von Nawarischkij bis hierher durchschlug, mach ihm einer mal nach. Heut nacht hängt Bertin am Telefon, wenn er diesmal schon Schwein hat. Die Drähte vibrieren nur so im Kampf um die Urlauberzüge.«

Bärbe warf sich auf Winfrieds Mund. »Wir fahren zusammen, Paul«, flüsterte sie hingerissen, »vierzehn Tage als Mann und Frau Tag und Nacht beisammen. Vier Tage gebe ich meinen Alten und keine Stunde mehr. Und in der Zeit kannst du bei deiner Mutter sitzen. Ach, ich gönne sie ihr nicht mal! Wenn's nach mir ginge, kämst du mit nach Tübingen, wohntest in Lustnau oder in Niedernau, und wir sähen uns wenigstens jeden Tag einmal. Und die Fahrt zusammen, Paul! Und die Rückfahrt! Und das ganze Leben zusammen, Paul, solange es halten will!«

Und der junge Mann nahm sie in seine Arme, denn er hatte im Grunde seines Herzens keinen anderen Wunsch.

Um halb sieben, bei werdender Dämmerung, verließen die beiden nebeneinander das Haus, Schwester Bärbe Osann, von den Strümpfen bis zur Brosche am Kleide ganz stille Schwester vom Roten Kreuz, ließ sich von Herrn Oberleutnant Winfried, Adjutanten Seiner Exzellenz, den sie auf einem Spaziergang getroffen hatte, gnädig bis in die Nähe des Lazaretts bringen, dort, wo im Saale bei dreißig fiebernden und typhösen Bosniaken, die ihre schweigenden Augen an die Zimmerdecke hefteten oder ihre Köpfe auf den Kissen hin und her drehten, ihre Freundin Sophie auf Ablösung wartete.

13. Edlef Köppen: Urlaub 1916

1

Seit Jesu Tod ist der Beweis erbracht, daß man sterben kann und nicht nur sterben muß. – Die häufigste Frage, die man heute hört, lautet: Wie lange dauert der Krieg noch? – Man schelte mich nicht leichtfertig, wenn ich mit einem Wort, das sich nach Scherz anhört, aber von mir bitter ernst gemeint ist, antworte: bis er zu Ende ist.

(Berliner Lokalanzeiger, 21. 4. 16,
Hofprediger Lic. Doehring)

2

Gott hat sichtbar geholfen. Er wird ferner mit uns sein.

(11. 1. 16; Wilhelm an Franz Josef)

Gottes Beistand wird uns zu gutem Ende unseres gemeinsamen Kämpfens geleiten.

(11. 1. 16; Franz Josef an Wilhelm)

Ich bete, daß der allmächtige Gott uns seinen Segen gebe.

(27. 1. 16; Englische Thronrede)

Anflehend die Hilfe des Allerhöchsten für eure Arbeiten.

(14. 1. 16; Tagesbefehl, Nicolaus)

So wie Mein seliger Großvater und wie Ich Uns unter der höchsten Obhut und dem höchsten Auftrage Unseres Herrn und Gottes arbeitend dargestellt haben, so nehme Ich das von einem ehrlichen Christen an, wer es auch sei. Wer in dieser Gesinnung arbeitet, dem wird es aber klar, daß das Kreuz auch verpflichtet! Wir sollen in brüderlicher Liebe zusammenhalten...

(Kaiser Wilhelm, 29. 8. 1910)

...mit Uns ...mit Uns ...mit Uns ...mit Uns ... wer es auch sei...

Februar 16. Urlaub. Nach 17 Monaten, nach 500 Tagen, durfte Unteroffizier Reisiger zehn Tage in Deutschland zubringen. Wie sehr ersehnt! Wie brennend, immer wieder, immer lauter, immer drängender gewünscht.

Zweimal bereits war der Tag festgelegt gewesen. »Reisiger – nächste Woche – parti Deutschland – Mensch, hast du's gut!« – Dann war der einzige Gedanke hochgegangen: jetzt nicht noch, in letzter Stunde, sich vor den Kopf schießen lassen! Angst hatte eingesetzt.

Zweimal: Urlaubssperre! Man hatte sich geduckt unter dieses verfluchte Wort. Bis Reisiger endlich im Urlaubszug saß.

Und dann? Dann zerrannen zehn Tage, zweihundertvierzig Stunden.

Meldung: »Unteroffizier Reisiger von Heimaturlaub zurück.« – »Gut, lösen Sie sofort die Grabenbeobachtung ab.«

Reisiger saß im Bunker. Es regnete, wurde eine schmierige Nacht unter schmierigem Himmel.

Vorgestern Deutschland, am weißgedeckten Tisch zwischen Vater und Mutter, verlegen um irgendein Wort. Gespräch. – Gestern im Zug, unter schweigenden Soldaten. – Jetzt hier.

Urlaub war gewesen? Was wußte Reisiger davon? Es blieb nicht mehr als ein Film, zu schnell gedreht, ungeschickt geschnitten, überhetzt, überhitzt, zu Bildchen, zu Fetzen zerrissen. Schlagwortzeilen, zusammenhanglos, unbegründbar. Wirrwar ohne Ordnung und Gesetz.

Titel: Hunger!

Bekanntmachung:

Für die laufende Woche werden auf den Kopf der Bevölkerung folgende Lebensmittel verausgabt: 10 Pfund Kartoffeln, 210 Gramm Zucker, 100 Gramm Butter, 100 Gramm Schmalz oder Speck, 80 Gramm Margarine oder Kunstspeisefett, 125 Gramm Hülsenfrüchte oder Gegräupe, täglich ½

Liter Milch, 25 Gramm Feinseife, 125 Gramm andere Seife.
Zuteilung von Frischfleisch erfolgt nach Maßgabe der ver-
fügbaren Gesamtmenge.

Die Menschen stehen vor den Geschäften. Jetzt, im Winter, frühmorgens ab 6 Uhr, in zwei Reihen, die ganz Alten und die ganz Jungen. Von einem Bein aufs andere – »jaja, der Krieg«, »na, unsere Braven draußen werden es schon machen«, »mit 80 Gramm Margarine kann ich nicht auskommen«, »und wenn ich Ihnen sage, daß mein Sohn geschrieben hat, daß sie draußen jetzt tagelang nicht einen Bissen Fett gesehen haben?«, »natürlich, wir haben's ja auch immer noch gut und dürfen nicht klagen«, »mein Kind wird nun sechs Jahre; wissen Sie, was es wiegt: sage und schreibe dreiunddreißig Pfund«. – Der Kaufmann schiebt die Rollläden hoch: »es gibt heute nur Seife und Zucker. Die anderen Sachen sollen am Nachmittag kommen. Tja, da müssen Sie alle sich schon noch gedulden.« – Die Menschen holen Seife und Zucker. Sie stehen am frühen Nachmittag wieder drei Stunden. Abends, mit zitternden Knien, sehen sie dankbar und liebevoll auf Kunstspeisefett, Gegräupe, verfrorene Kartoffeln und auf 100 Gramm Butter.

Vertrauliche Mitteilung vom Oberkommando i. d. Marken an alle Zeitungen:

Veröffentlichungen über heute abend stattgefundene Ruhe-
störungen vor der Markthalle Invalidenstraße (Berlin) dür-
fen vor der amtlichen Aufklärung und entsprechender Mit-
teilung an die Presse nicht gemacht werden (2. II. 1916).
Weitere Mitteilungen über den Vorfall in der Markthalle als
die vom WTB[26] gegebene Meldung sind unzulässig.

(Oberkommando i. d. M. 3. II. 1916)

WTB:

In der Markthalle an der Invaliden- und Ackerstraße wurde
heute beim Andrang des Publikums zum Schmalzverkauf
ein eiserner Ofen umgeworfen; Personen wurden dabei nicht
verletzt. Dieser Vorfall veranlaßte Gerüchte von Krawallen

26. Wolffs Telegraphisches Bureau; verbreitete die amtlichen Nachrichten der Reichsregierung.

und Waffengebrauch der Schutzmannschaft, welche jedoch
vollständig unbegründet sind.

Dieses und sehr vieles andre enthält das neue Gartenlehr-
buch der Blumengärtnerei Peterseim, Erfurt, Lieferanten für
Se. Maj. den Deutschen Kaiser:

Im Nachttopf spiegelt sich der gesundheitliche Zustand eines
Menschen, in der Jauchegrube der gesunde oder ungesunde
landwirtschaftliche Zustand eines Volkes. An seiner Kloa-
kenwirtschaft ist das stolze Römische Reich zugrunde gegan-
gen. Nicht der Krieg zerstört ein Volk, sondern nur der
Zustand der Felder ist es, was eine Nation letzten Endes
zugrunde richtet oder mächtig macht. Die Anzahl der Ehen
und Kinder sind durchaus abhängig von den Kornpreisen. –
Die jährliche Fäkalmenge eines Menschen genügt, um auf
einem Morgen sieben Zentner Roggenkorn zu erzeugen. Mit
Millionen Zentnern Brotgetreide zu bewertende Fäkalien
gehen jährlich verloren und werden durch Wasserspülanla-
gen in die Flußläufe geführt. – Fleißige Hand wird herr-
schen, die aber lässig ist, wird müssen zinsen, Spr. 12,24.

Der Film reißt.

Blendend die weiße Wand, daß man die Augen schließen
muß. Aber der Motor surrt, Motor surrt, surrt. Und dann,
auf der weißen Wand, ungeheuer vergrößert, verzerrt,
gigantisch zwei Hände, Finger, baumdick, die tasten und
suchen. Der Operateur will flicken. Der Motor surrt,
Motor surrt, die Finger drücken und suchen und greifen,
Endlich:

Titel: Die Frau!

Wie war das doch? Die vielen Frauen, auf den Straßen, in
den Ämtern, auf so vielen Posten? Wie war das doch?

Da stehen sie, Frau neben Frau, drehen Granaten. Lederho-
sen, die Brüste weggeleugnet im Lederwams; das Haar,
blond vielleicht, dünn und wehend vielleicht, weggelogen in
der Lederkappe.

Und das Herz? –

... Viele, viele Frauen habe ich gesprochen: zahme, die ich
bisher für beschränkt hielt, und sie waren klar und stark im

*Haß; zarte, die nur mit sich beschäftigt waren, und der Haß
ließ sie nun sich selbst vergessen; kinderlose, die längst
ergeben waren, und die nun klagten: Hätte ich doch einen
Sohn, uns an England zu rächen; Mütter, die kein Glück in
der Welt haben als das durch ihre Söhne: sie gaben sie
freudig, und sie konnten nicht mehr deutlich sagen: Für das
Vaterland oder aus Haß gegen England.*

(Ida Boy-Ed, am Tage der englischen Kriegserklärung)
Da kommen sie nun: Lokomotivführer und Chauffeur,
Postbote und Kellner, Vollzugsbeamter und Kassierer,
Frauen, unbegreifbar, weiblichen Geschlechtes!
Weiblichen Geschlechtes?
Wie war das doch, als man auf Urlaub war?
Brach nicht doch zuweilen eine Regung durch? Konnte es
dir nicht geschehen, Reisiger, daß die Augen der jungen
Frau, die in zerschlissenen Männerhosen erschien, die Koh-
lenkiepe auf den durchgebogenen Schultern, daß diese
Augen plötzlich flackernd wurden? Daß der Mund, schwarz
verstaubt, plötzlich die Winkel zu einem weichen Bogen
hob? Daß die Hand, breit, dreckig, zitterte? Daß aus der
Brust, keuchend, die Hügel wuchsen? Daß nichts mehr
Lüge war, daß kein Krieg die Frau zum Mann schänden
konnte?
Wie war das doch, auf Urlaub?
Die vielen Frauen, ohne Mann? Kriegstrauung, des Nach-
mittags, Umarmung, die den Leib zersprengte, des Nachts,
Abschied, Trennung, in der ersten Frühe. Und dann, Tag
um Tag und Nacht um Nacht und Monat auf Monat ohne
Mann?
Der Film rollt: Offene Arme. Ein Kissen des Nachts küh-
lend gegen den Schoß gerissen. Und warten. Wann kommt
mein Mann? Offene Arme. Den Leib verhungert, abge-
schuftet, entblößt zwischen den Laken hin und her geworfen: Wann kommt – ein Mann? Tag um Tag und Nacht um
Nacht: wann kommt ein Mann?
Ehen brachen, Herzen stürzten in Verwirrung – der Mann
in Uniform, jeder Mann in Uniform: das ist mein Mann.

Brief einer Kriegerfrau, Veröffentlichung verboten:

Da sich bei den meisten Frauen das Resultat zeigt, das die Urlauber hinterlassen haben und dieselben sich jetzt schon auf die kommenden Kriegsjungen freuen, so will auch ich nicht zurückstehen und verlacht werden. Ich will auch den Patriotismus unterstützen. Will aber auch nicht auf Abwege geraten und deutsche Treue üben, denn mein Mann steht auch schon seit Kriegsbeginn im Felde. Aber auch die Natur verlangt ihre Rechte. Ich hoffe auch, daß mein Vorhaben in Erfüllung geht und was unser Resultat bringen wird, das wird die Zukunft sagen. Denn unser Kaiser braucht auch Soldaten. Es muß mit dem Urlaubsgesuch auch nicht zu lange dauern, denn sonst ist der Krieg zu Ende und unser Vorhaben vom Kriegsjungen vereitelt. – Hochachtungsvoll ...

Aber kam denn der Mann? Und wenn er erschossen war, draußen lag, zerfetzt? Was war sonst im Land, wenn nicht Greise, Krüppel, Kinder? – Gitter, Käfige, Mauern. Dahinter: gefangene Feinde. Es dunstete aus, es roch: hier ist der Mann.

Das Stadtpolizeiamt in Schwerin i. M. gibt, April 1915, bekannt:

Es ist in letzter Zeit wiederholt vorgekommen, daß die Zivilbevölkerung beim Durchzug von Kriegsgefangenen ein außerordentlich taktloses Benehmen gezeigt hat. Nicht nur haben sich große Scharen von Neugierigen gesammelt, sondern viele Zuschauer – namentlich der weibliche Teil – haben sich auch nicht enthalten, Mitleid mit den Gefangenen durch Weinen, durch Beschenken und durch Hilfeleistung beim Tragen von Gepäck usw. zu zeigen. Die Zivilbevölkerung wird darauf hingewiesen, daß Maßnahmen getroffen sind, damit ein derartiges Verhalten künftig unter allen Umständen verhindert wird.

Kreuzzeitung April 1915:

Wegen brieflichen Verkehrs mit Gefangenen wurde die Tapeziererehefrau M. S. vom Landgericht Eichstädt zu einem Monat Gefängnis verurteilt. Sie hatte mit in M. gefangenge-

haltenen französischen Offizieren Briefverkehr unter-
halten.

Und es lagen, des Abends, trotz den Verboten, im gefrore-
nen Wald vor der Stadt, in der verlassenen Scheune, im Stall
Menschen, die Körper gegeneinander gepreßt, verhungert
nach einer Zärtlichkeit. Eine deutsche Frau und ein französischer Mann, deutsche Frau und Engländer, Russe,
Neger... Auf Sekunden gab es keinen Krieg! Kein Vaterland! Kein Deutsch und Englisch und Französisch und
Russisch und Suaheli! Auf Sekunden stockte die Maschine:
Mord. Auf Sekunden: eine deutsche Frau und ein Mann,
dessen Sprache sie nicht verstand: nur und nichts als Frau
und Mann.
Motor surrt, Motor surrt, Motor surrt – – – Und der Film
rollt ab, rollt weiter, rollt –
Und was war noch, Reisiger, auf Urlaub...?

14. Albert Ehrenstein: Der rote Krieger spricht

Bis an den Hals versinke ich in den Knochen der Schädel-
stätte. Wütend rüttelt mein Geist seit Jahren am Gitter, den
Käfig in Trümmer, euch, meine Freunde, und mich aus dem
Kerker zu reißen. Aber, o Brüdermillionen, die Kraft ist
noch bei den Raubmenschen und Menschenräubern, bei den
Mächten des Todes und der Zerstörung. Nicht mehr, glaub
ich, kommt Licht: Frieden ist Traum, Gott eine hehre
Chimäre. Gleich nach der Bergpredigt entschlief Christus
für immer! Erhebe dich, wandle, erwecke dich, Totener-
wecker! Spalte mit deiner hölzernen Kreuzkrücke den eiser-
nen Kreuzrittern die ehernen Stirnen!
Aber eher wird ein sinnreiches Tier, ein wütender Hund
Tyrannen zerreißen, ehe Soldaten der Menschheit erfüllende
Handgranate die Hand füllt.
Immer noch läßt sich der unbeholfene Walfisch, der Levia-
than »Menschheit« von den Wut-Egeln, Schwert-Fischen,

Fleisch-Sägen zerschlitzen. Sternbewohner, Marsmörser torpediert ihr die blutrünstigen Fliegermücken!

Verflucht alle Meere, die Unterboote beherbergen; verflucht alle Häfen, in denen Panzerschiffe hausen! Verflucht alle Feldbäuche, kugelsichern Generäle und Kapitäne zur Luft, verflucht alle Munitionsarbeiter und Feldeisenbahner! Verflucht alle Durchhälter, zeitungsberichtenden Kriegszuhälter und Heldenschriftsteller, verflucht die scharwenzelnden Journalisten, Schnittlauch auf allen Blutsuppen! Verflucht Pflegerinnen, die Verwundete ans Messer liefern, Verletzte fürs graue Feld heilen, für den blendenden Kopfschuß. Verflucht alle Weiber, die bei Offizieren schlafen, verflucht alle Mütter, die ihren Leib zum Schlachtfeld machen – den Mordstaaten, Prothesenkönigen, erlauchten Krüppelprotektoren, Blinden-Präsidenten, krokodilstränenausgießenden Friedenskanzlern Söhne: Krieger gebären! Verflucht alle Spektakel: Cabarets, Kino-Theater, Operettenbordelle, die den Hinterländern mit vaterländischen Affenpossen das Durchhalten versüßen! Verflucht alle Pfaffen, die mordenden Soldaten ein gutes Gewissen verschaffen. Verflucht alle Federhelden, die, vom Weltkrieg im Dichten gestört, hinterm Ofen, fern vom Schuß »Revolution!« schreien und schreiben, unter geheimnisvoll dröhnenden Gebärden, wichtigtuerischen Schiebermienen mit revoltierenden Geschichten, Aufsätzen, Gedichten ihre (honorarpflichtige) Pflicht getan zu haben meinen. Verflucht unsere, meine eigene zuwartende Feigheit, die noch immer nicht den Mächtigen das Messer in den Magen stieß.

Anwidert mich Beifall, Widerhall aller Guten: Sie gehen ins Theater, statt auf die Straße zu gehen. Schriftsteller heißen höchstens Browning, aber sie tun es nicht; ihre Bomben sind mit Eis gefüllt, gehen in den Bauch, und nicht ans Leben! Verflucht seien die Schreiber und Leser. Verflucht sei das Wort! Im Anfang war die Tat!

II. Deutsche Kriegsliteratur zum Zweiten Weltkrieg 1939–45

Einführung

Die »Stunde Null«, wie sie für das Jahr 1945 behauptet wurde, hat es nie gegeben, in Politik und Wirtschaft sowenig wie in der Kultur. Auch aus der Katastrophe der Hitler-Diktatur in Europa wurde literarisches Leben, bestimmt von der Generationsprägung der Autoren.

Da schrieben jene noch oder wieder, die schon den Ersten Weltkrieg erlebt, reflektiert oder dargestellt hatten. Sie begegneten sich vorsichtig, mißtrauisch oder offen feindselig, konfrontiert mit ihrem Verhalten und mit ihrem Schreiben zwischen beiden Weltkriegen. Eindeutig zuzuordnen sind allenfalls jene Autoren, deren Bücher verbrannt und verbannt wurden, oder jene anderen, die als Propagandisten der Diktatur tätig waren. Dazwischen lagen alle umstrittenen »Fälle«, nur vage im Begriff der »Inneren Emigration« zu fassen. Wer aber wirklich emigriert war, kam selbst oder mit seinem Werk zurück. Auch war für eine ganze Generation die bis dahin verbotene Literatur der ersten Jahrhunderthälfte zu entdecken. Noch einmal wurde die Kriegsliteratur zum Ersten Weltkrieg neu diskutiert: Remarque, Plievier, Arnold Zweig, Wiechert und Glaeser, Ernst Jünger und Flex.

Eine Zwischengeneration junger Autoren hatte noch unter den Zwängen der Diktatur zu schreiben begonnen, sich mit ihr einlassend oder ihr ausweichend: Gaiser und Eich.

Von ihnen unterschieden sich die jüngsten Schriftsteller, etwa der Jahrgänge 1915 bis 1925, die erst nach dem Zweiten Weltkrieg, durch Diktatur und Krieg herausgefordert, zu schreiben begannen. Als man sie anfangs zu überhören drohte, fanden sie sich, verbunden mit Kritikern und Verlegern, in der »Gruppe 47« zusammen, doch war die literarische Auseinandersetzung mit der jüngsten Vergangenheit nie auf diese Gruppe beschränkt.

Später wurde einer noch jüngeren Generationsgruppe das nationalsozialistische System und der Zweite Weltkrieg zum Erzählstoff, weil er Lebensstoff ihrer Kindheit und Jugend gewesen war. Was Ernst Glaeser mit *Jahrgang 1902* für den Ersten Weltkrieg darstellte, nahm thematisch Walter Kempowski auf, Jahrgang 1929, dessen Jugendalter in die Kriegszeit fiel.

Die Textauswahl kann diese obere Ebene der Literatur nicht annähernd dokumentieren. Bleibt man nur auf diesem Niveau, scheinen im Gegensatz zum Ersten Weltkrieg alle Versuche zu fehlen, den Krieg zu verharmlosen oder gar zu verherrlichen. Dieser Vorwurf wäre, innerhalb unserer Auswahl, am ehesten Ernst Jünger und Gerd Gaiser zu machen, doch geben deren Texte nur andeutende Hinweise, daß der Krieg manche Autoren als Grenzsituation faszinierte, daß sie ihn eher ästhetisch als moralisch zu verarbeiten suchten. Dabei muß berücksichtigt werden, daß Gaisers *Sterbende Jagd* ein Frühwerk ist, Ernst Jüngers *Strahlungen* 1949 am Anfang eines Alterswerks stehen, das über dreißig Jahre später noch nicht abgeschlossen ist und für die Bewertung des Autors zu berücksichtigen wäre.

In einem Essay von 1952 verteidigte Heinrich Böll mit Nachdruck die »Trümmerliteratur« seiner Generation: »[...] man schien uns zwar nicht verantwortlich zu machen dafür, daß Krieg gewesen, daß alles in Trümmern lag, nur nahm man uns offenbar übel, daß wir es gesehen hatten und sahen und beschrieben.«

Da schon die Texte zum Ersten Weltkrieg (Zweig, Köppen) belegen, daß sich der Krieg nicht auf Front und »Fronterlebnis« im engeren Sinne beschränken ließ, haben wir für den Zweiten Weltkrieg darauf verzichtet, erneut nachzuweisen, daß die beiden Weltkriege des 20. Jahrhunderts keine Kriegerkriege mehr waren. Die Massengesellschaften der modernen Industriekultur wurden zu gegenseitiger Vernichtung mobilisiert. Der »totale Krieg«, im Ersten Weltkrieg in Umrissen erkennbar, erfaßte im Zweiten Weltkrieg unmittelbar die meisten, mittelbar in den Folgen der Katastrophe alle Zeitgenossen und noch Generationen nach ihnen.

Der Soldat als Kriegstechniker, als »Arbeiter« (Jünger), ist schon im Ersten Weltkrieg beschrieben worden. Ernst Jünger nimmt in seinen Kriegstagebüchern diese analytische Beschreibung, die er 1920 begonnen hatte, wieder auf. Jünger beschreibt kämpfende Gebirgstruppen im Kaukasus, Gaiser einen Piloten im Luftkampf, Buchheim die Mannschaft im U-Boot.

Den drei ersten Texten, die Soldatsein und Kriegstechnik analysieren, folgt eine Textgruppe, die sich thematisch auf den Rußlandkrieg konzentriert (4–9). Plievier bleibt bei seinem Reportagestil. Eichs Gedicht *Lazarett* ist Gegentext zu Erzählformen, die als Trivialliteratur den Krieg zum Unterhaltungsstoff verharmlosen.

Diese Verharmlosung des Krieges zum Abenteuer der Männlichkeit macht Feldzüge vergleichbar anderen gängigen Themen des trivialen Unterhaltungsromans. So mischt Konsalik im *Arzt von Stalingrad* die Elemente des exotischen Abenteuerromans (Wolga-Romantik und »russische Seele«) mit dem Arztroman und diesen mit dem Liebesroman zwischen Arzt und Ärztin, Patient und Schwester usw.

Dieser Roman leitete 1956 Konsaliks Durchbruch zum international erfolgreichsten deutschen Schriftsteller ein. Wie er bedienen sich Simmel, Kirst, Heinrich oder Horbach der Kriegsthematik, um zu unterhalten, was moralische Erbauung und damit Ablehnung des Krieges durchaus einschließt. Auch Lothar-Günther Buchheims erst 1973 erschienener Roman *Das Boot* könnte als Abenteuerroman mißverstanden werden. Deshalb wurde der Spielfilm ein Welterfolg, waren junge Zuschauer fasziniert vom U-Boot-Krieg als technisierter, an Science-fiction erinnernder »Action«. Buchheim dagegen zeigt menschliche Männer, ausgeliefert der modernen Kriegstechnik, deren Beherrschung die einzige Chance des Überlebens ist. Erst die Textanalyse verdeutlicht, warum sich Buchheim gegen die vordergründige Dramatisierung im Film wandte.

Als der Unterhaltungsroman (Konsalik u. a.) die Kriegsproblematik bereits sentimentalisierend entschärfte, provozierte auch der Pabel-Verlag in Rastatt die Diskussion um die problematische Auseinandersetzung vieler Deutscher mit ihrer jüngsten Vergangenheit. Das zitierte »Landserheft« erschien 1958 als Nr. 37. Pro Woche folgte ein neues Heft, und in Millionenauflagen zeigten sich an Kiosken auf grellen Titelbildern feuernde Sturmgeschütze, zum Ziel stoßende Sturzkampfbomber, todesmutige Fallschirmjäger. Jedes Heft enthält Foto und militärischen Lebenslauf von Ritterkreuzträgern der Wehrmacht. Spezialverlage, mit Büchern zu Technik und Sport beginnend, verherrlichten neu die »Asse« der Luftwaffe und der Kriegsmarine. Zum trivialen Unterhaltungsroman von Konsalik bis Landserheft trat eine neue »Sachbuchliteratur«, an der als Autoren oft Kriegsberichterstatter aus den einstigen Propagandakompanien der Wehrmacht beteiligt waren.

In diese Trivialliteratur wurden, um ihre Problematik zu verdeutlichen, Erzählepisoden aus einem trivialen Propagandaroman eingefügt. Eisens *Die verlorene Kompanie* wurde als kitschiges Machwerk der Kriegspropaganda im Zentralverlag der NSDAP hergestellt, um die im Winter 1941 erstmals sich abzeichnende Katastrophe an der Ostfront zu verschleiern. An der Romanfigur Schwester Erika wird deutlich, wie das Sexualobjekt Frau in der Soldatenwelt erhalten bleibt und doch künstlich aufgehöht wird zum NS-Ideal der Geliebten als opferbereiter »Kameradin«.

Indem dieser triviale Propagandatext bei anderen und noch immer produzierten Trivialformen der Kriegsliteratur steht, werden die ideologische Nähe ebenso wie die klischeehaft typisierte Sprache vergleichbar. Es gibt, wie schon erwähnt, ganz anders als nach dem Ersten Weltkrieg, keinen ernsthaften Versuch deutscher Schriftsteller, den Krieg zu verherrlichen oder zu verharmlosen. Aber gewollt oder ungewollt, wird in den Unterhaltungsromanen und mit nachweisbarer Tendenz in den Landserheften der Krieg verharmlost oder gar idealisiert. Deshalb kann an beiden Teilen der Textauswahl, an der deutschen Kriegsliteratur beider Weltkriege nachgewiesen werden, wie der Krieg ideologisch begründet wird, wie gefährlich das »Fronterlebnis« der frühen Frontromane aus dem Ersten Weltkrieg das Bewußtsein der »Hitlerjungen« vorprägen konnte, die ab 1939 Hitlers Angriffskriege führten.

Indem auch der Trivialroman einbezogen wird, kann der Literaturunterricht nachweisen, daß typisierte Erzählstrukturen in Stilmustern erstarren, die auch das Denken propagandistisch blockieren. Gewollt im Propagandaroman der Kriegszeit, fahrlässig bewirkt in der Verflachung der Kriegsproblematik zum Unterhaltungsstoff.

Wenn diese Auswahl mit Günter Eich und Wolfgang Borchert schließt, erkennt der Leser, daß die deutsche Nachkriegsliteratur ab 1945 eine neue Sprache suchte für Erfahrungen, die vor diesen Autoren noch niemand im Massensterben der Massenkriege des Industriezeitalters gemacht hatte. Günter Eichs Gedichte *Lazarett* und *Inventur* reduzieren die Sprache auf eine Selbsterfahrung, in der man sich über das Abtasten und Benennen der Dinge, die geblieben sind, elementar finden lernt, auch als Person. Der junge Wolfgang Borchert wiederum, gezeichnet von unheilbarer Krankheit, ist in der Stunde der Todeserfahrung die einzige Stimme eines neuen Willens zum Leben, einer Lust am Leben, die doch niemals in der Lebenslust die Todesangst unterdrücken kann. In dieser Schwebe zwischen Todesschwermut und Lebenssehnsucht wird er zur Stimme einer »Generation ohne Abschied«.

1. Gerd Gaiser: Luftkampf

Hinab! Sie suchten einander. Sie suchten einer den andern auf und zerstörten sich. Sie luden sich auf mit Tonnen von Treibstoff und mit Tonnen von Sprengstoffen, um einander in Stücke zu blasen. Lauter teure Tote, der Tod kostete viel. Niemand kann für Lebendige so viel ausgeben. So hohe

Kosten rechtfertigt allein der Krieg. Hinab! Wer stark ist, zerfetzt den andern. Hinab. Immer mehr hinab und herunter. Wer hinab ist, kommt nicht wieder herauf.

Der Unteroffizier Mahn kam auf Position, drückte an und schoß, er legte vor sich eine Feuerstraße, die sein Gegner, ein Jäger, schneiden mußte. Davorhalten, dachte er und hörte den alten Gritzner, der sagte mit seiner grunzenden Stimme: »Halt ihm vor die Schnauze, das ist meine Tour, laß ihn hineinfliegen.« Im spitzen Winkel wuchsen sie aufeinander zu, drüben ein Fleck auf den Blechen, ein Fleck auf die saubergefegte Flanke hingerotzt und vorher nicht dagewesen; er spürte den Schweiß ausbrechen in Lenden und Achseln und setzte zum Schrei an, da hörte er plötzlich, was in der Kopfmuschel plärrte und schon vorhin dagewesen war, oder was heißt vorhin, einen Bruchteil von eines Atemzugs Länge: der andere Schrei, der ihn warnte; aber schon war der Segen über ihm. Es schmetterte von schräg hinten in seine Kabine, beutelte ihm den Kopf und bog ihn. O Leben, all das Dröhnen und Bellen ging in ein hohes Sirren über wie von Zikaden, betäubend, den Atem zerstörend, in der Mittagstille, auf dem Monte Pincio über Rom, betäubend wie Äther, die Mittagszikade, jetzt sah man das Sirren farbig, Ringe von irisierendem Licht, elastische, bis zum Springen beanspruchte Ringe aus feinem metallischem Stoff, Ringe, ins Milchweiße mündend, und dann träger rotierende Scheiben, und dann das Sirren wie unter seidenen Kissen erstickt.

Ein Feldwebel namens Lutz, siebente Staffel, taktische Nummer Elf, sah den Vorgang mit an. Merkwürdig, jetzt fingen die beiden Flugzeuge zu klettern an, dann schlug zuerst aus dem fremden Flugzeug die Flamme, es schmierte seitwärts über eine Fläche hinab. Die eigene Maschine flog noch einen Augenblick länger, dann schien sie überzogen zu stehen, und dann tauchte sie mit der Spitze vornüber und fiel eine Strecke weit durch wie ein Stein. Jetzt fing sie sich, schwang pendelnd um eine senkrechte Achse, trudelte und ließ ihre Flächen blitzen. Jetzt war sie schon sehr klein, ein

Spielding, tot, zerbrechlich und zart, sie schob wie ein Falter vorm Wind schräg über eine samtgrüne Fläche, ein Feld von Luzernen, ein Kiefernwäldchen, vielfingerig wie ein Handschuh, das in grauen Sand auslief, und dort war jetzt der Schatten aufgetaucht und rann dem stürzenden Flugzeug sehr rasch entgegen. Das währte noch einen Augenblick, dann die Stichflamme, eine Brunnensäule von Dreck, die einen Augenblick stand und sich fein zerteilte und kreisförmig auseinandersank.

Lutz drehte den Kopf fleißig, denn er hatte niemand mehr hinter sich. Einen Augenblick war der Raum leer, die Leere der Schlacht, die Stille zwischen zwei Atemzügen, er hatte die Schlacht aus dem Gesicht verloren, die Schlacht hatte ihn ausgespuckt. Bläue oben und unten, ein paar Wölkchen tief drunten kraß und flott über ihren Schatten. Die Zeiger am Instrumentenbrett, leicht wie Geisterzungen. Sacra conversazione.[1] Das tiefe Gedröhn, das Dröhnen der blauen Muschel; die Muschel dröhnte um ihn, süßer Gesang, Welt süß und dröhnend, das Muschel-Lied. Dann kehrte er jäh zu sich selbst und sah alle drei Pulks fast auf einen Schlag.

Er sah eigene Jäger, anscheinend eine Staffel, alle mit gelben Nummern, also die Neunte, aber nur sieben Flugzeuge, ein Schwarmkeil voraus und dann abgesetzt drei Maschinen in Reihe fliegend. Dann sah er zweitens einen anderen Jagdverband, und das waren keine eigenen Jäger, viele Punkte, giftig und mückenklein und so hängend, daß sie sogleich auf diese Staffel zu stoßen vermochten. Sprechverkehr hörte er nicht, aber er sah, daß die gelben Nummern geradeaus weiterzogen. Offenbar kümmerten sie sich nicht um den Pulk, der sich über ihnen befand. Und deshalb, ohne eine genaue Verknüpfung seiner Gedanken, so wie der Anblick der Todesverachtung einen Sog ausübt, hielt der Feldwebel Lutz Kurs auf diese Staffel. Und jetzt sah er drittens, daß diese Maschinen ihrerseits schon im Angriff lagen. Sie flogen geradeaus gegen einen schweren Pulk. Das ging alles sehr

1. ital., heiliges Gespräch.

schnell, die Geschwindigkeiten fraßen einander weg, Feuer-
schläge, aufreißende Lichter vorne und rechts und links,
Lichtgestöber, Lichtstöße oben und unten; wie in der
Schmiede, in der brüllenden Schmiede mitten darin, sie
fielen und ließen sich fallen, zerstoben wie Funken im
Sturm, keiner sah mehr den andern, zwei schleiften weiße
Fahnen, Lutz selber brannte, eine Flamme leckte ihn an und
war weg wie eingehaucht, dann spie es wieder, spie wie
Flammengebläse und rußte ihn an. Sofort schoß er die
Kabinenhaube ab, riß Haube und Gurte auf und wand sich
halb erstickt auf den Bordrand.
Der Fahrtwind umschlang ihn brüllend, fegte ihn ab, nahm
den Atem, es gurgelte in seiner Kehle und schnitt ins
Gedärm, seine Hände wehrten sich, sie kamen nicht nach,
dumme Hände, die sich wehrten und nicht losließen, wo es
darauf ankam loszulassen; dann war der Druck mächtiger
und legte ihn um. Eine Schwinge schoß an ihm vorbei, ein
furchtbarer Streich, der ihn fehlte. Dann er selbst ein Bündel
in der Luft, schlenkernd, den Mund voll Druck, und dann
krampfhaft die Beine angekrümmt wie ein Kind in der
Mutter, ein Kind in der großen Muschel, koppheister und
noch einmal hei, noch einmal himmelan und auf und hinan
zu der lustigen Erde, mit dem dicken Kopf schwappend voll
Blut und dem fließenden Augen, mit dem Salzwasser die
Wangen herab, himmelan und die himmlischen Heerscharen
auch dabei, Friede auf Erden und allen die guten Willens
sind. Den Menschen ein Wohlgefallen, die Erde so weit und
so lustig grün. Eine Fabrik so spaßig wie aus der Span-
schachtel, eine Fabrik, kenternd und noch einmal ganz
herum, und dann in der Luft Blasen, Blasen wie Glaskugeln,
anmutige Verneigung der Kugeln, und noch einmal ganz
herum. Er wußte bis dahin von seiner Hand nichts. Seine
Hand arbeitete, er und seine Hand, das waren wieder zwei
Dinge, und die Hand war besonnener als der Feldwebel
Lutz. Sie hatte den Griff gerissen. Sein Körper empfand den
Ruck, als das Öffnen des Fallschirms einsetzte, einen Ruck
und noch einen. Es zerrte und stieß, aber jetzt war der Sturz

gebändigt. Die Kraft nahm zu, die über dem Sturz sich aufgefaltet hatte. Wohlgefällig, halb betäubt sah Lutz das weiße Segel über sich aufgebläht, das flüsternde Seidenzelt. Es war eine Kuppel, und die Kuppel hütete ihn. Sie gab ihm nach und ließ ihn spielen. Er schwang wie ein Kind in den Turnringen. Es war ihm, als schwebe er aufwärts, obwohl er noch immer mit sieben Sekundenmetern stürzte. Und jetzt auch verspürte er eine Zugluft an seinem linken Bein. Er sah an sich hinunter und sah seinen Fuß in der grauen Wollsocke, den Fuß über der Erde. Er hatte im Aussteigen den einen Pelzstiefel eingebüßt.

2. Lothar-Günther Buchheim: U-Boot gegen Zerstörer

Der Kommandant hat die Lippen zwischen die Zähne gezogen: Wieder führt er das Glas an die Augen. Als spräche er für sich, stößt er zwischen den Zähnen hervor: »Scheißzerstörer!«
Eine Minute vergeht. Mein Blick saugt sich an dem dünnen Strich über der Kimm[2] fest. Erregung pocht mir hoch im Hals.
Es gibt jetzt keinen Zweifel mehr: Der Mast kommt höher heraus – der Zerstörer hält also direkt auf uns zu. Mit unseren langsamen Maschinen haben wir keine Chance mehr, über Wasser davonzukommen.
»Die müssen uns gesehen haben! Verdammt – verdammt!« flucht der Kommandant und gibt mit nur wenig erhobener Stimme Alarm.
Mit einem einzigen Satz bin ich am Turmluk[3]. Knallend schlagen meine Stiefel auf den Flurplatten auf. Der Kommandant steigt als letzter ein. Er wirft das Luk dicht. Noch ehe er es ganz festgezogen hat, befiehlt er: »Fluten[4]!«
Der Kommandant bleibt im Turm. Mit gleichmäßiger

2. Horizont.
3. Turmöffnung.
4. Wasser in die Tauchzellen fließen lassen.

Stimme gibt er von oben in die Zentrale herab: »Auf Sehrohrtiefe einsteuern!« Der Leitende[5] fängt das Boot ab. Der Zeiger des Tiefenmanometers bleibt stehen, dann streicht er langsam über die Skala zurück. Dufte steht in nassem Ölzeug schwer atmend neben mir. Zeitler und Böckstiegel haben sich vor die Druckknöpfe der Tiefensteuerung gehockt. Ihr Blick hängt an der Wassersäule im Papenberg[6]. Der I WO[7] läßt mit gesenktem Kopf Regenwasser von der Krempe seines Südwesters abtriefen.

Keiner sagt ein Wort. Nur ganz leise, wie von gepolsterten Türen gedämpft, klingt das Summen der elektrischen Maschinen von achtern[8].

Endlich fällt von oben die Stimme des Kommandanten in die Stille: »Frage Tiefe?«

»Zwanzig Meter!« meldet der Leitende.

Die Wassersäule im Papenberg sinkt langsam ab: Das Boot steigt. Gleich kommt das Objektiv des Sehrohrs frei.

Da das Boot noch nicht auf ebenem Kiel liegt, läßt der Leitende aus dem vorderen Trimmtank nach achtern trimmen[9]. Langsam richtet sich das Boot in die Waagerechte ein. Es liegt aber nicht ruhig. Die Seen bewegen es nach allen Richtungen. Sie saugen, ziehen, schieben. Da wird die Sehrohrbeobachtung verdammt schwierig werden.

Ich lausche nach oben, warte auf die Stimme des Kommandanten, da meldet der Horcher: »Steuerbord querab ein Zerstörer!«

Ich gebe die Meldung nach oben weiter.

»Genehmigt!« antwortet der Kommandant. Dann, genauso trocken: »Auf Gefechtsstationen!«

Der Horcher beugt sich mit dem Oberkörper aus dem Horchschapp[10] in den Gang heraus. Seine blicklosen Augen

5. Leitender oder LI = Leitender Ingenieur.
6. Gerät zur Beobachtung des Steigens oder Sinkens des Bootes.
7. Erster Wachoffizier.
8. hinten.
9. Wasser in Längsrichtung des Bootes (hier nach hinten) verlagern, um das Boot auszubalancieren.
10. *Schapp:* kleiner Raum.

sind geweitet. In der frontalen Beleuchtung ist sein Gesicht eine flächige Maske, die Nase nur zwei Löcher.

Der Horcher ist nun, neben dem Kommandanten, der einzige, dessen Sinne aus der Stahlröhre nach außen dringen. Der Kommandant sieht den Gegner, der Horcher hört ihn. Wir anderen sind blind und taub. Jetzt meldet der Horcher: »Horchpeilung wird stärker – wandert leicht nach achtern aus[11].«

Die Stimme des Kommandanten klingt gedrosselt: »Rohr eins bis vier bewässern!«

Dachte ich's mir doch: Der Alte will den Zerstörer annehmen. Der ist auf einen roten Wimpel scharf. Ein Zerstörer fehlt noch in seiner Sammlung. Als nach dem Alarmbefehl »Auf Sehrohrtiefe einsteuern!« kam, wußte ich schon Bescheid.

Von oben wieder die Stimme des Kommandanten: »An Zentrale – LI – genau auf Tiefe halten!«

Wie soll er nur, sage ich mir, bei diesem schiebenden Seegang? Die dünnen Muskeln im Gesicht des Leitenden straffen sich und entspannen sich wieder in schnellem Rhythmus. Es sieht aus, als ob er Kaugummi kaue. Wehe, wenn das Boot zu hoch kommt, wenn es die Oberfläche durchbricht und uns dem Gegner verrät!

Der Kommandant hockt im schmalen Raum zwischen Sehrohrschacht und Turmwand auf dem Sehrohrsattel, den Kopf gegen die Gummimuschel gedrückt, die breitgespreizten Schenkel gegen den mächtigen Schaft gepreßt. Die Füße hat er auf den Pedalen, mit deren Hilfe er die mächtige Säule mitsamt seinem Sitz geräuschlos und schnell um den ganzen Gesichtskreis drehen kann, die rechte Hand hält er am Hebel, der den Motor zum Aus- und Einfahren des Rohres schaltet.

Jetzt summt der Sehrohrmotor: Der Kommandant zieht das Sehrohr ein Stück ein. Er hält den Sehrohrkopf so dicht an der Oberfläche des Wassers, wie es nur geht.

---

11. entfernt sich aus dem Bereich des Horchgeräts.

Der Leitende steht vollkommen reglos hinter den zwei Mann der Brückenwache, die jetzt die Tiefensteuerung bedienen. Er hat den Blick auf den Papenberg geheftet, in dem die Wassersäule ganz langsam auf und ab steigt. Jedes Auf und Ab bedeutet ein Steigen oder Sinken des Bootes.

Kein lautes Wort. Das Summen des Sehrohrmotors klingt wie durch feine Filter passiert, der Motor springt an, stoppt, dann ertönt wieder das Summen. Der Kommandant fährt das Sehrohr nur für ganz kurze Augenblicke aus und läßt es gleich wieder vom Wasser überspülen. Der Zerstörer muß also ganz nahe sein.

»Rohr fünf bewässern«, kommt es geflüstert von oben.

Der Befehl wird leise an den Hecktorpedoraum weitergeleitet. Wir sind mitten im Gefecht.

Ich lasse mich in den Rahmen des Kugelschotts[12] sinken. Von achtern kommt die geflüsterte Meldung: »Rohr fünf ist klar zum Unterwasserschuß bis auf Mündungsklappe.«

Alle Rohre sind also bewässert. Alle fünf Torpedos schwimmen schon. Jetzt fehlen nur noch die Preßluftstöße, um sie auf Fahrt zu schicken, und vorher das Öffnen der Mündungsklappen. Der Kommandant will die Ruderlage wissen.

Ich merke auf einmal, daß ich noch einen halben Bissen Brot im Mund habe. Brotbrei mit Hartwurstflomen. Schmeckt schon säuerlich.

Ich habe das Empfinden, ich hätte irgendwo diese Situation schon erlebt. Bilder schimmern auf, schieben sich durcheinander, überlagern, durchdringen sich. Es ist, als ob durch ein kompliziertes System Gegenwartseindrücke über das Gedächtniszentrum geleitet würden und dort als Erinnerung ins Bewußtsein kämen.

Der Alte ist verrückt – bei diesem Seegang einen Zerstörer anzugreifen!

Aber der Seegang hat auch wieder sein Gutes. Da ist unser Sehrohr kaum zu erkennen. Der Schaumstreifen, der es

12. druckfester Verschluß in den druckfesten Querwänden zwischen zwei Abteilungen des Bootes.

verraten könnte, ist unter dem anderen Gequirl schwer auszumachen.

Das Tropfen in die Bilge[13] klingt scharf, wie lautsprecherverstärkt. Ein Glück, daß bisher alles geklappt hat: keine Einsteuerungsschwierigkeiten. Der Leitende war gut präpariert, hatte alles gut durchgerechnet.

Wenn der Alte schießen sollte, muß der Leitende gleich fluten, um das Gewicht des Torpedos auszugleichen. Sonst käme das Boot hoch. Dreißig Zentner wiegt ein Torpedo – also eintausendfünfhundert Liter fluten pro Torpedo. Multipliziert mit der Zahl der geschossenen Torpedos macht das eine Menge.

Der Kommandant schweigt.

Es ist sehr schwer, einen Zerstörer zu treffen. Geringer Tiefgang. Ändert zu schnell Kurs. Aber wenn ein Zerstörer getroffen wird, ist er gleich weg, wie fortgepustet. Die Torpedodetonation – der Geysir aus Wasser und Eisenfetzen – und dann nichts mehr zu sehen.

Da kommt die feste Stimme des Kommandanten von oben: »Mündungsklappen öffnen. Schaltung Rohr eins und zwo! Gegnerfahrt fünfzehn. Bug links. Lage sechzig. Entfernung tausend!«

Der II WO stellt die Werte auf der Rechenanlage ein. Aus dem Bugraum wird gemeldet, daß die Mündungsklappen geöffnet sind. Der I WO gibt leise, aber deutlich akzentuiert nach oben: »Rohr eins und zwo klar zum Unterwasserschuß!«

Jetzt hat der Kommandant die Hand schon auf dem Abschußhebel und wartet, daß der Gegner ins Fadenkreuz einwandert.

Sehen! Nur sehen können!

Die Stille leistet der Phantasie Vorschub. Katastrophenbilder tauchen auf: ein Zerstörer, der zudreht bis in Lage Null. Ein Zerstörerbug, der mit schäumender Bugwelle – den weißen Knochen im Maul – hochwächst und zum Ramm-

13. Kielraum, auch Wanne für Öl, Kondenswasser.

stoß ansetzt. Aufgerissene Augen, der scharfe Riß eines
Lecks, kantenzerfetzte Stahlbleche, grüne Wasserschwälle,
die durch das Leck wie durch eine Düse fauchen.

Da schlägt die Stimme des Kommandanten scharf wie ein
Peitschenhieb von oben herunter: »Mündungsklappen
schließen. Auf sechzig Meter gehen. Schnell auf Tiefe!«

Der LI befiehlt nur einen Sekundenbruchteil danach: »Beide
unten hart – beide AK[14] voraus! Alle Mann voraus!«

Ein Durcheinander lauter Stimmen. Ich zucke zusammen,
ducke mich zur Seite, bekomme die Beine nur mühselig
unter den Körper. Schon drängt der erste Mann durchs
achtere Kugelschott, strauchelt, reppelt sich wieder hoch
und hastet halbgeduckt am Horchraum vorbei weiter nach
vorn.

Weit aufgerissene fragende Augen richten sich auf mich. Ein
wüstes Rutschen, Stolpern, Rumoren, Kollern hebt an.
Zwei Kujambelflaschen[15] poltern von der U-Messe[16] her
gegen die Wand zur Zentrale und zerschellen krachend.

Beide Tiefenruder liegen hart unten. Das Boot ist schon
stark vorlastig, aber immer noch kommen Leute von achtern. Sie schlittern durch die schräggeneigte Zentrale wie auf
einer Rutschbahn. Einer schlägt lang hin und faucht
Flüche.

Jetzt ist nur noch das Maschinenpersonal im Achterschiff.
Unter mir rutscht der Boden weg. Am Stander des Luftziel-
sehrohrs finde ich zum Glück Halt. Die Würste stehen weit
von der Wand ab. Von oben höre ich durch das Stiefelschar-
ren und Poltern den Kommandanten: »Gleich kommen
Wasserbomben!« Seine Stimme klingt nüchtern, als handele
es sich um eine beiläufige Mitteilung.

Mit schweren Bewegungen kommt er nun herabgeklettert –
betont langsam, wie exerziermäßig. Er traversiert[17], sich
nach beiden Seiten abstützend, über die Schräge und setzt

14. Äußerste Kraft (Maschinen).
15. Limonadeflaschen.
16. Unteroffiziersmesse.
17. geht quer hinüber.

sich mit einer Gesäßhälfte auf die Kartenkiste. Mit seiner rechten Hand umschließt er ein Rohr.

Der Leitende läßt das Boot langsam aufkommen und befiehlt: »Auf Tauchstationen!« Die Leute, die nach vorn gehastet waren, arbeiten sich nun hangelnd gegen die Schräge zurück.

Die Würste sind wie Lastigkeitspendel: Wir sind immer noch gute dreißig Grad vorlastig.

»Rrabaum! – – Rrumm! – – Rrumm!«

Drei knallharte Schläge, wie mit der breiten Axt geführt, reißen mich um. Halb betäubt höre ich ein dumpfes Rauschen. Was ist denn das? Angst krallt sich mir ins Herz: Was rauscht da? Endlich begreife ich: Das ist das Wasser, das in die von den Detonationen in der Tiefe gerissenen Löcher zurückströmt.

Wieder zwei ungeheure Detonationen.

Der Zentralemaat[18] hat den Kopf eingezogen. Der neue Zentralegast[19], der Bibelforscher, taumelt und klammert sich am Kartentisch fest.

Noch eine Detonation, härter als die anderen.

Aus! Finsternis!

»Ersatzbeleuchtung ausgefallen!« höre ich rufen.

Die Befehle des Leitenden kommen wie von weit her. Taschenlampenkegel reißen weißliche Flecke aus der Dunkelheit. Jemand ruft nach Sicherungen. Die Stationsleiter geben durch Sprachrohre ihre Meldungen: »Bugraum klar!« – »E-Maschinenraum[20] klar!« – »Dieselraum klar!«

»Kein Wassereinbruch!« sagt der Obersteuermann. Seine Stimme ist dabei so sachlich wie die des Kommandanten.

Nicht lange, und zwei Doppeldetonationen lassen die Flurplatten tanzen.

»Torpedozelle eins lenzen[21]!« Mit scharfem Geräusch

---

18. *Maat:* Unteroffizier.
19. *Gast:* Mannschaftsgrad, an bestimmte seemännische Tätigkeiten gebunden, z. B. Zentralegast.
20. Elektrische Maschinen (für den Unterwasserantrieb).
21. Wasser absaugen, hier aus den Torpedorohren.

springt die Lenzpumpe an. Sobald der Schwall der Detonationen verklingt, wird sie wieder gestoppt. Sie könnte sonst von den Horchgeräten des Feindes angepeilt werden.

»Vorne hochkommen!« befiehlt der Leitende den Rudergängern[22]. »Boot ist abgefangen«, meldet er dem Kommandanten.

»Es kommt noch mehr«, sagt der Alte. »Die Burschen haben doch tatsächlich das Sehrohr gesehen. Kaum zu glauben – bei diesem Seegang.«

Der Kommandant schaut sich um. Auf seinem Gesicht ist keine Spur des Schreckens. Seiner Stimme gibt er jetzt sogar einen Unterton von Hohn: »Jetzt wirds psychologisch, meine Herren.«

Zehn Minuten vergehen, ohne daß etwas geschieht. Aber plötzlich schüttelt eine Detonation das Boot heftig durch. Dann folgt eine nach der anderen. Das Boot rüttelt und stöhnt.

»Fünfzehn!« zählt der Obersteuermann, »sechzehn – siebzehn – achtzehn – neunzehn!«

Der LI starrt auf den Zeiger des Tiefenmanometers, der bei jeder Detonation ein Stück über die Markierung schnellt. Seine Augen sind groß und dunkel. Der Kommandant hat die Augen zu und seine Umwelt ausgeschlossen, um konzentriert zu rechnen: Eigenkurs, Gegnerkurs, Ausweichkurs. Der Kommandant muß sekundenschnell reagieren. Von uns allen ist er der einzige, der kämpft. An der Richtigkeit seiner Befehle hängt unser Leben.

»Hart backbord!«

»Ruder liegt hart backbord!«

»Auf null Grad gehen!«

Der Kommandant rechnet ununterbrochen. Die Grundfaktoren seiner Rechnung verändern sich mit jeder Meldung. Nach der Stärke der Schraubengeräusche und der Anlaufrichtung des Zerstörers muß er den Ausweichkurs bestimmen. Er hat jetzt keine unmittelbaren sinnlichen Wahrneh-

22. Leute am Ruder.

mungen mehr, muß das Boot wie ein Pilot im Blindflug führen, seine Entschlüsse nach den Zeichen fassen, die ihm die Apparaturen geben.

Auf meinen geschlossenen Lidern kann ich sehen, wie die schwarzgrauen Fässer schwerfällig vom Werfer weg durch die Luft torkeln, ins Wasser einklatschen, mit perlenden Schweifen in die Tiefe trudeln und in der Schwärze detonieren: magnesiumweiß glühende Brandbälle, sengende Feuersonnen!

Das Wasser pflanzt den Druck viel härter fort als die Luft. Wenn eine heftige Druckwelle durch ein Boot läuft, zerreißt sie dessen Verbände. Um ein getauchtes U-Boot zu zerstören, muß die Wasserbombe es nicht leckschlagen. Sie braucht nur innerhalb des sogenannten tödlichen Radius zu detonieren, um ein Boot zu vernichten. Die leichten Wasserbomben, die vom Flugzeug geworfen werden, haben 60 Kilo. Die Zerstörerbomben etwa 200. Der tödliche Radius der Bomben beträgt in hundert Meter Tiefe etwa achtzig bis hundert Meter. Gelernt ist gelernt. Eine Art von Genugtuung erfüllt mich, daß ich mein Wissen auch jetzt parat habe.

Eine Weile bleibt es still. Ich mache die Ohren so scharf, wie ich es vermag: kein Schraubengeräusch, kein Einklatschen von Bomben. Nur das feine Summen unserer Elektromotoren. Kaum ein Atemzug. Dann ist es, als ob sich der Kommandant allmählich an uns erinnere: Er läßt, ohne sich zu rühren, seine Augen herumwandern und sagt leise: »Ich konnte die Burschen genau sehen. Die standen auf der Brücke und guckten genau zu uns her. Im Topp[23] waren drei Mann. Eine Korvette!«

Der Kommandant neigt sich vor und flüstert dem Horcher durchs Kugelschott zu: »Achten, ob die Korvette auswandert!« Immer noch vorgeneigt, fragt er nach einer Minute drängend: »Lauter oder leiser?«

Der Horcher antwortet sofort: »Gleichbleibend.« Es ist Herrmann: Gesicht wie eine No-Maske – ohne Farbe.

23. Mastspitze.

Augen und Mund nur dünne Striche. Wenn er den Kopf anhebt, bilden zwei Punkte seine Nase. Der Alte läßt tiefer gehen.

Unser Druckkörper hält eine Menge aus. Aber die Flanschen, die verdammten Durchbohrungen, sind unsere Lindenblattstellen – da sind wir verwundbar. Es gibt viel zu viele davon: die Anblase- und Ausblaseleitungen für die Tauchzellen, die Durchführungen zum Abluftmast im Turmumbau, den Dieselzuluftmast, die Abgasklappen für beide Diesel, die Seekühlwasserleitungen für die Wasserkühlung der Diesel, die Ruderschaftsdurchführung . . . Na, sage ich mir, und das Stevenrohr[24] für die beiden Propeller? – Und vielleicht sind das noch nicht einmal alle!

Am gefährlichsten für das Boot sind Bombendetonationen schräg unter dem Kiel, weil an der Unterseite die meisten Flanschen und Außenbordsverschlüsse liegen. In größeren Tiefen wird der tödliche Radius geringer, der Wasserdruck, der uns selber in der Tiefe heftiger bedroht, weil die Vorbelastung der Verbände groß ist, schränkt zugleich die Wirkung der Bomben ein – bis auf vierzig, fünfzig Meter.

Plötzlich wird eine Handvoll Kieselsteine von außen gegen das Boot geworfen.

»Asdic!« höre ich eine Stimme aus dem achtern Bereich der Zentrale. Das scharf klingende Wort steht plötzlich wie in grell leuchtenden Versalbuchstaben in meinem Kopf: ASDIC.

Ein zweiter Wurf Kieselsteine – ein dritter!

Ein Schauer läuft mir den Rücken herunter: *antisubmarine development investigation committee*, das Ultraschallverfahren!

Das Auftreffen des Ortungsstrahls gegen unsere Bordwand ist es, das dieses leise klirrende, zirpende Geräusch gibt. In der absoluten Stille bekommt es die Lärmdimensionen einer Sirene. Die Abstände der Impulse: etwa dreißig Sekunden.

---

24. *Steven:* Bug oder Heck eines Schiffes begrenzende Bauteile.

Abstellen! möchte ich brüllen. Das Gezirp feilt an den Nerven. Keiner wagt mehr, den Kopf zu heben oder zu schnaufen. Dabei findet uns das Asdic auch, wenn keiner einen Mucks tut. Gegen das Asdic hilft Schweigen nichts. Auch nicht das Stoppen der E-Maschinen. Die normalen Horchgeräte sind Stümperei gegen das Asdic. Das Asdic ist nicht auf Geräusche angewiesen, es reagiert auf unsere Masse. Die Tiefe bietet uns keine Deckung mehr.

Die Nervenanspannung hat mir zugesetzt. Meine Hände zittern. Ich bin heilfroh, daß ich nicht auf den Beinen stehen muß, sondern im Kugelschottrahmen hocken kann. Ich probiere Körperfunktionen aus, die keine Gliederbewegungen erfordern: Schlucken, Wimpernschlagen, Zähnebeißen, Gesichtsmuskeln verziehen – Grübchen links, Grübchen rechts –, Spucke durch eine Zahnlücke drücken.

Der Horcher flüstert: »Wird lauter!«

Der Kommandant löst sich vom Sehrohrschaft, balanciert an mir auf Zehenspitzen vorbei: »Frage Auswanderung?«

»Peilung steht bei zwohundertfünfundneunzig Grad!«

Vier Detonationen in schneller Folge. Kaum ist das Brausen und Gurgeln des Detonationsschwalls zu Ende, sagt der Kommandant halblaut: »War schön bemalt, ein ziemlich altes Schiff, stark ausladende Back[25], ziemlich vierkant!«

Ein harter Schlag gegen die Füße staucht mich zusammen. Die Flurplatten scheppern.

»Siebenundzwanzig – achtundzwanzig«, zählt der Obersteuermann und versucht, es dem Alten mit betonter Lässigkeit in der Stimme gleichzutun.

Eine Pütz[26] rasselt ein Stück über die Flurplatten.

»Verdammt noch mal – Ruhe!«

Jetzt ist es, als würden die Kieselsteine in einer Blechbüchse einmal hin und einmal her geschüttelt, dazwischen ein heftigeres, singendes Geräusch, unterlegt von einem scharfen, schnellen Grillenzirpen: die sausenden Schraubenschläge der Korvette. Ich stehe starr – wie eingeeist. Ich wage nicht die

25. Aufbau auf dem Vorderdeck.
26. Eimer.

107

geringste Bewegung, als ob jede Regung, ja schon der kleinste Schurrlaut die Schraubenschläge näher locken könnte. Auch keinen Wimpernschlag, keine Pupillenregung, keinen Atemzug, kein Nervenzucken, kein Muskelspiel, keinen Hautschauer.

Wieder fünf Bomben! Der Obersteuermann zählt sie zu den anderen hinzu. Ich habe keine Miene verzogen. Jetzt hebt der Kommandant den Kopf. Deutlich akzentuiert setzt er mitten im Lärm des Nachrauschens seine Worte: »Nur ruhig – immer ruhig, meine Herren, das ist doch gar nichts!«

Die Ruhe seiner Stimme tut wohl, sie legt sich beschwichtigend auf das Schwirren der Nerven.

Da trifft uns ein einzelner schmetternder Schlag – wie mit einer Riesenkeule auf eine riesige Blechplatte gedroschen. Zwei, drei Leute geraten ins Taumeln.

Die Luft ist dunstig, sie liegt in blauen Schwaden im Raum. Und weiter: »Bumm – rrackbaum – rrawumm!«

»Vierunddreißig – fünfunddreißig – sechsunddreißig!« Diesmal höre ich die Zahlen als Flüstern.

Doch der Kommandant sagt mit fester Stimme: »Was denn, was denn nur – was ist denn los?« Dann verschließt er sich wieder über seinen Kursrechnungen. Es wird totenstill im Boot. Nach einer Weile wieder die Flüsterstimme: »Wie peilt er jetzt?«

»Zwohundertundsechzig Grad – wird lauter!«

Der Kommandant reckt den Kopf hoch. Er hat seinen Entschluß:

»Hart steuerbord!« und gleich danach: »An Horchraum – wir drehen nach steuerbord!«

Ein Schraubenschlüssel muß nach achtern durchgegeben werden. Eilfertig greife ich danach und reiche ihn weiter. Hergott, nur irgend etwas tun können. Handräder drehen, Hebel stellen, die Lenzpumpe bedienen...

Der Horcher beugt seinen Oberkörper weit in den Gang vor. Er hat die Augen offen, aber er sieht uns nicht. Seine Linsen sind auf Unendlich gestellt. Nun ist er der einzige, der mit der Außenwelt in Verbindung steht. Wie er so ins

Leere starrt, sieht er aus, als spräche er medial: »Peilungen werden lauter – zwohundertunddreißig – zwohundertundzwanzig!«

»Unnötiges Licht aus«, befiehlt der Alte. »Weiß der Satan, wie lange wir den Strom noch brauchen!«

Der Horcher meldet wieder: »Anlauf beginnt – Geräusche peilen zwohundertundzehn Grad – werden schnell lauter!... Ziemlich nahe jetzt!« Vor Aufregung gibt er keine richtige Meldung.

Der Kommandant befiehlt: »Mittschiffs – beide Maschinen große Fahrt voraus!«

Die Sekunden dehnen sich. Nichts! Keiner rührt sich.

»Wenn er jetzt nur nicht Kollegen ranholt!« Der Alte artikuliert, was mir längst in den Knochen sitzt: die Feger, die Killer... Viele Hunde sind des Hasen Tod.

Der uns jetzt am Wickel hat, ist kein Anfänger, und wir sind wehrlos, obwohl wir fünf Torpedos in den Rohren haben. Aber wir können nicht hoch. Wir können nicht aus der Deckung springen und uns dem Feind entgegenwerfen. Wir haben nicht einmal die grimmige Sicherheit, die schon die bloße Handhabung einer Waffe gibt. Nicht einmal brüllen dürfen wir. Nur wegducken. Immer tiefer gehen. Wie tief denn jetzt? Ich traue meinen Augen nicht: der Zeiger des Tiefenmanometers steht auf der Einhundertvierzig: Werftgarantie neunzig Meter, schießt es mir durch den Kopf.

Zehn Minuten vergehen, ohne daß etwas geschieht.

Wieder trifft ein Kieselsteinwurf in Höhe des Backbordtauchbunkers das Boot. Und schon sehe ich am Gesicht des Horchers, daß wieder Bomben fallen. Er bewegt die Lippen. Jetzt zählt er die Sekunden bis zur Detonation.

Die erste sitzt so gut, daß ich den Knall bis ins Rückgrat spüre. Wir hocken in einer großen Pauke, die Stahlbleche statt der üblichen Paukenfelle hat. Ich sehe, wie sich der Mund des Obersteuermanns bewegt, aber ich höre nichts. Bin ich taub geworden?

Doch da vernehme ich den Kommandanten. Er läßt wieder mit der Fahrstufe höher gehen. Und nun setzt er mit lauter

Stimme seine Worte in die Lärmorgie hinein: »Recht so – nur so weiter, meine Herren, immer weg mit dem Zeug! Zu Hause gibt's...«

Er verstummt mitten im Satz. Plötzlich ist wieder Stille, eine schwirrende, wie eine Violinsaite gespannte Stille. Nur die paar schmatzenden Schwapplaute aus der Bilge.

»Vorne hochkommen! – Fest«, befiehlt der Leitende den Rudergängern. Seine Flüsterstimme klingt überscharf in der Stille. Die E-Maschinen sind wieder auf Schleichfahrt geschaltet. Bilgewasser rauscht nach achtern. Woher kommt bloß das viele Wasser in der Bilge? Ist da vorher nicht richtig gelenzt worden?

»Achtunddreißig bis einundvierzig«, zählt der Obersteuermann.

Das Brüllen und Bersten der Bomben noch im Ohr, empfinde ich die Stille, die nun folgt, als ungeheures akustisches Loch, schwarz austapeziert und grundlos. Wohl nur, damit die Stille nicht zu quälend wird, flüstert der Kommandant: »Nicht sicher, ob die oben Kontakt haben!« Im gleichen Augenblick durchschüttern neue Detonationen die Tiefe: eine klare Antwort.

Wieder konnte mein Gehör sie nicht voneinander trennen. Ich habe auch kein Empfinden dafür, ob diese Bomben rechts oder links, über oder unter dem Boot krepierten. Der Alte aber kann offenbar die Detonationen lokalisieren. Er ist wohl auch der einzige, der weiß, in welcher Lage zu unserem Peiniger wir uns befinden. Oder rechnet der Obersteuermann mit? Ich habe jedenfalls kein Bild mehr. Ich sehe nur, wie der Zeiger des Tiefenmanometers langsam vorwärts über das Zifferblatt streicht: Wir gehen wieder tiefer.

Der Leitende hat sich weit gegen die Tiefenrudergänger hin vorgebeugt. Sein Gesicht wird vom Lampenschein überdeutlich gegen den dunklen Hintergrund abgesetzt und jeder Knochen, wie im Gesicht eines Schauspielers, der nur Rampenlicht hat, von dunklen Schatten scharf herausgeformt. Seine Hand sieht wächsern aus. Über seine rechte Backe läuft ein schwarzer Streifen. Er hat die Lider dicht verkniffen, als würde er geblendet.

Die beiden Tiefenrudergänger hocken reglos vor ihren Druckknöpfen. Selbst wenn sie Ruder legen, sieht man an ihnen keine Bewegung. Für das bißchen Fingerdruck, das sie dazu aufwenden müssen, brauchen sie ihre Glieder nicht zu verlagern. Unsere Ruder werden mit elektrischer Kraft bewegt. Alles ist perfekt – nur eine Vorrichtung, den Gegner zu beobachten, gibt es nicht.

Haben wir eine Verschnaufpause? Ich versuche mich noch besser festzusetzen. Die Korvette wird sicher nicht lange auf sich warten lassen. Sie zieht jetzt nur einen neuen Kreis, sie entfernt sich von uns, dann hält uns mit ihrem dreimal verfluchten Asdic fest. Da oben haben sie jetzt alle verfügbaren Leute auf der Brücke zum Anglotzen der Kabbelsee[27], zum Durchsuchen des Schaumgeäders im Flaschengrün nach einem Anzeichen von uns. Aber nichts gibt's zu sehen als Zebramuster im Grün, weißgrünes Ochsengallepapier mit ein paar Spuren von Schwarz darin. Ölgeschiller würden die da oben lieber sehen. Könnte ihnen so passen...

Der Horcher rührt sich immer noch nicht: keine Geräusche.

Da – was bedeutet dieses merkwürdige Klicken? Ein neuer Ortungstrick? Minuten vergehen, keiner rührt ein Glied. Sogar die Luft vor den Mündern bleibt unbewegt. Das Klicken setzt aus, dafür rasselt wieder ein Wurf Kieselsteine gegen das Boot – diesmal feiner Gartenkies. Jäh nimmt der Kommandant seinen Kopf hoch: »Ob wir – den – wohl – wiederkriegen?«

Wiederkriegen? Meint er mit »den« den Geleitzug oder etwa die Korvette?

Jetzt neigt der Kommandant sich nach vorn und gibt leise an den Horcher: »Achten, ob er auswandert!« Nach Sekunden fragt er schon ungeduldig: »Lauter oder leiser?«

»Gleichbleibend«, antwortet der Horcher, und nach einer Weile: »Wird lauter!«

27. aufgewühlte See.

»Frage Auswanderung –«

»Peilung steht bei zwohundertundzwanzig Grad«, antwortet der Horcher.

Sofort läßt der Kommandant das Ruder hart steuerbord legen. Wir schlagen also wieder einen Haken.

Und nun läßt der Kommandant beide Maschinen auf kleine Fahrt gehen.

Kondenswassertropfen fallen in regelmäßigen Abständen in die geschärfte Stille: »Pitsch, patsch – tick, tack – pitsch, patsch.«

Ein harter Schlag läßt die Flurplatten klirrend hochspringen. »Siebenundvierzig – achtundvierzig«, zählt der Obersteuermann. Und dann: »Neunundvierzig – fünfzig – einundfünfzig!«

Ein Blick auf die Uhr an meinem Handgelenk: Vierzehn Uhr dreißig. Wann war Alarm? Muß kurz nach zwölf gewesen sein. Also werden wir seit zwei Stunden gejagt!

Meine Uhr hat einen roten Sekundenzeiger, der auf derselben Nabe wie die beiden Hauptzeiger sitzt und sich zuckend über das ganze Zifferblatt fortbewegt. Ich sammle meine Gedanken in der Betrachtung dieses Zeigers und stelle mir die Aufgabe, die Zeitspannen zwischen den einzelnen Bombendetonationen zu messen: zwo Minuten dreißig Sekunden – – – wieder ein Schlag: dreißig Sekunden – – – der nächste: zwanzig Sekunden.

Ich bin froh, etwas zu haben, worauf ich mich konzentrieren kann. Jetzt gibt es für mich nur noch diesen Zeiger. Ich mache den Griff meiner Rechten fester, als könne ich so die Konzentration auf den Zeiger schärfen. Es muß ja vorübergehen. *Muß* vorübergehen. Muß – muß – muß!

Wieder ein harter, trockener Schlag: vierundvierzig Sekunden. Ich fühle deutlich, wie sich meine Lippen, die eben noch lautlos Silben formten, zu einem liegenden Oval verspannen und meine Zähne bloßlegen. Ich muß zum Festhalten jetzt auch die linke Hand nehmen. Der Sekundenzeiger gerät mir aus dem Blick.

Der Kommandant läßt noch mal zwanzig Meter tiefer gehen.
Zweihundert Meter jetzt. Ein heftiges Knistern und Knacken läuft durch das Boot. Der neue Zentralegast wirft mir einen Angstblick zu.
»Nur das Gebälk«, flüstert der Kommandant.
Die Holzverkleidungen sind es, die so scharf ächzen und knacken, die Innenarchitektur verträgt es nicht, daß unser Druckkörper zusammengepreßt wird. Zweihundert Meter: eine runde Zahl. Damit läßt sich rechnen. Jetzt lastet auf dem Quadratzentimeter unserer Stahlhaut das Gewicht von zwanzig Kilo – auf dem Quadratmeter also zweihundert Tonnen. Und das bei nur zwei Zentimeter Dicke.
Das Knacken wird schärfer.
»Unschön«, murmelt der Leitende.
Die Zerreißspannung unserer Stahlhaut quält mich wie eine Tortur – als werde meine eigene Haut gespannt. Sie zieht sich mir, als es wieder laut wie ein Gewehrschuß knallt, über dem Schädel zusammen. Unter diesem aberwitzigen Druck ist unsere Hülle verletzlich wie eine Eierschale.

3. Ernst Jünger: Kaukasisches Tagebuch

Nawaginskij, 19. Dezember 1942
Am Mittag Aufbruch zum Gefechtsstand der 97. Division. Ihr Führer, General Rupp, erwartete mich an der gesprengten Pschischbrücke. Wir setzten auf einer Floßsackfähre über den lehmgelben Fluß. Um in das Stabsquartier zu gelangen, mußten wir einen steilen Bergzug überqueren, da ein Tunnel, der ihn durchbohrte, durch Sprengung ungangbar geworden war.
Wir wanden uns durch dichtes Unterholz, dann über Felsen, zwischen denen die Hirschzunge die langen, saftigen Blätter entrollt hatte. Hunderte von russischen und asiatischen Trägern begegneten uns auf dem schmalen Pfade, beladen mit Verpflegung, Material und Munition. Am absteigenden

Hange ein Toter, mit langen schwarzen Haaren, auf dem Gesicht liegend, vom Kopf bis zu den der Stiefel beraubten Füßen mit Lehm bedeckt. Er zeichnete sich kaum vom Schlamme ab. Der General beugte sich auf ihn herunter und verfolgte dann, ohne ein Wort zu sprechen, seinen Weg. Ich sah auch niemals einen Toten, demgegenüber jede Bemerkung, die man sich denken könnte, so unangebracht gewesen wäre wie hier. Gestrandet am Meere der Lieblosigkeit.

Im Tale stießen wir wieder auf die Pschisch. Auch hier war die hohe Eisenbahnbrücke gesprengt. Vom Hochwasser wurde treibendes Holz dagegen gestaut, bis sich die mächtige Konstruktion talabwärts schob. In ihren Gerüsten hingen Bäume, Wagen, Protzen und in den Zweigen einer Eiche am Halfter ein totes Pferd, das in der Nachbarschaft dieser Titanenmaße winzig wie eine ertränkte Katze schien.

Der Stab wohnt im Bahnwärterhaus. Bei Tisch neben dem General, der liebenswürdig, scheu, ein wenig melancholisch schien. Man hatte das Gefühl, daß er trotz mancher Sonderlichkeiten von seinen Offizieren geliebt wurde. Wie Tschitschikow in den »Toten Seelen« bei den Gutsbesitzern, so fahre ich hier bei den Generalen herum und beobachte auch deren Verwandlung zum Arbeiter. Die Hoffnung, daß dieser Schicht sullanische oder auch nur napoleonische Erscheinungen entwachsen könnten, muß man ganz aufgeben[28]. Sie sind Arbeiter auf dem Gebiete der Befehlstechnik und wie der nächste Beste an der Maschine, ersetzbar und auswechselbar.

Zur Nacht im Blockhaus des Ordonnanzoffiziers. Die Fugen der dicken Eichenbalken sind mit Moos verstopft. Drei Bettgestelle, ein Karten- und ein Arbeitstisch. Zwei Telefone läuten in kurzen Abständen. Von draußen klingt ein rauschendes Mahlen; Menschen und Tiere waten durch den Schlamm. Am Ofen kauert ein russischer Kriegsgefangener und legt Holz nach, wenn das Feuer niederbrennt.

28. Anspielung auf Sulla, Napoleon: Jünger war in Paris zeitweilig der Meinung, die Despotie Hitlers sei am besten durch eine humane Militärdiktatur abzulösen; er dachte an Rommel.

Nawaginskij, 20. Dezember 1942

Aufstieg mit dem Major Weihrauter zu einem hoch über dem Tale errichteten Beobachtungsstand. Im feuchten Dunst durchschritten wir Galerien von mächtigen Buchen, an denen schwarze Holzpilze siedelten. Dazwischen ragten Eichen und viele Holzbirnbäume mit hellgrauen, rissigen Stämmen auf. Der Weg war durch eingehauene Marken gezeichnet; unsere Schritte legten in seinem fetten Lehme zarte Keime und die platten Knollen der Alpenveilchen bloß.

An unserem Ziele, einer unter abgehauenen Zweigen versteckten Hütte angelangt, entzündeten wir ein Feuerchen und richteten die Gläser auf das Waldgebiet. In seinen Tälern wanden sich dichte, träge Nebel, die zwar die Sicht behinderten, doch dafür die Gliederung plastisch machten wie auf einer Reliefkarte. Das Blickfeld schloß mit den hohen Zügen der Wasserscheide ab. Auch heute lag Feuer auf der Stellung am Fuß des Indjuk, der zur Rechten mit seinem Doppelhorne auf dem steilen Grat hervorragte. Links der Ssemascho, die höchste Kuppe, von deren Gipfel das Schwarzmeer einzusehen ist. Sie war bereits in deutschem Besitze, doch wurde sie wieder aufgegeben, da die Versorgung zu schwierig war. Die Zugänge zu solchen Gipfeln säumen sich bald mit Leichen von Trägern und Packtieren.

Auf einer kahlen, mit Schnee bedeckten Fläche erhaschte das Glas ein Grüppchen Russen, die planlos auf ihr umherzukriechen schienen, bald hier-, bald dorthin ziehend wie Ameisen. Zum ersten Male sah ich, mich gegen diesen Eindruck wehrend, Menschen wie durch ein Teleskop, das auf den Mond gerichtet ist.

Gedanke: während des ersten Weltkrieges hätte man noch schießen lassen darauf.

Nawaginskij, 21. Dezember 1942

Früh Aufbruch mit Nawe-Stier, entlang dem Pschischtale. Die Bäume auf den oberen Höhenrändern standen im Rauhreif; auf große Entfernung zeichnete sich ihr Zweigwerk, wie mit Silberstaub bepudert, vom dunkleren Bestand der Gründe ab. Es ist mir stets ein Erlebnis zu sehen, daß eine kleine Schwankung der gewohnten Lage, wie hier ein Unterschied von wenigen Graden, zu solcher Verzauberung genügt. Darin lag immer etwas, das mir Hoffnung zum Leben und auch zum Sterben gab.

Vorbei an einem Verbandplatz, zu dem ein Verwundeter von vier Armeniern getragen wurde, mit den Sohlen voran. Doch hielt er den Kopf ein wenig angehoben; es konnte also ganz schlimm nicht um ihn stehn.

Besuch beim Hauptmann Mergener, dem Führer einer Kampfgruppe. Sein Kampfstand erwies sich als ein großes, weißes Haus, das einsam wie eine Försterei auf einer schlammbedeckten Lichtung lag. Inmitten dieser vom Schutt des Krieges bedeckten Wüstenei fiel eine Anzahl von sauber gehaltenen Gräbern auf, die man gerade zum Weihnachtsfeste mit Ilex und Misteln ausschmückte. Das Gehöft war von tiefen Trichtern umringt, doch waren die Bewohner noch nicht ausgezogen; der Unterschied zwischen den warmen Zimmern und dem unwirtlichen Sumpf ist allzu groß.

Die Kampfgruppe dieses sechsundzwanzigjährigen Kommandeurs war aus einem Pionierbataillon, einer Radfahrerschwadron und einigen anderen Einheiten kombiniert. Nach einer Tasse Kaffee stiegen wir zur Stellung des Pionierbataillons auf. Hier fand ich die Verhältnisse ein wenig besser, als ich sie in anderen Teilen des Gebirges traf. So zog sich ein bescheidenes Drahtgitter vor den Postenständen am steilen Hange zwischen den Bäumen entlang. Davor war eine dreifache Kette von Minen ausgelegt.

Das Minenlegen, besonders bei Nacht, ist ein gefährliches Geschäft. Die Minen werden, damit man sie wiederfindet, nach einer Schablone eingebaut. Auch muß man sie gut verstecken, denn es ist vorgekommen, daß die Russen sie ausbauten und vor den eigenen Stellungen eingruben. Hier wird vor allem die Springmine angewandt, die bei der

Berührung mannshoch in die Luft fährt und dann zerschellt. Die Auslösung geschieht entweder durch Zug, indem sich der Fuß in einen Draht verfängt, oder durch Kontakt, auf den drei Drahtenden berechnet sind, die gleich Fühlhörnern aus dem Boden herausragen. Die Sperre wird mit großer Vorsicht abgeschritten, besonders im Dunkeln, trotzdem kommt häufig etwas vor.

So prüfte kürzlich an dieser Stelle ein Fähnrich mit einem Unteroffizier und einem Gefreiten die Minen nach. Sie hielten zwar den Spanndraht im Auge, übersahen jedoch, daß er an einer Erdscholle festgefroren war, die ihn abzog, als der Fähnrich auf sie trat. Der Unteroffizier rief plötzlich: »Da raucht's ja«, warf sich hin und kam davon, während die Explosion seine Begleiter zerriß. Ehe die Mine hochspringt, ertönt für einige Sekunden ein zischendes Geräusch, dann ist zum Niederwerfen noch Zeit. Die Zündung wird übrigens auch zuweilen durch Hasen oder Füchse ausgelöst. Vor einigen Wochen flog ein starker Hirsch, der lange im Tale zwischen den Stellungen gebrunftet hatte, dort in die Luft.

Der Hauptmann Abt, mit dem ich diese Dinge besprach, trat neulich auch auf eine Mine und warf sich hin. Er wurde nicht getroffen:

»– – – weil diese nicht nach meiner Anweisung gelegt worden war«, wie er halb bedauernd hinzufügte. Der Zusatz hätte einem alten Preußen Spaß gemacht.

Die Stellung war also besser, trotzdem war die Besatzung sehr erschöpft. Je drei Mann hausen in einem Stollen, dem ein kleiner Kampfstand angegliedert ist. Einer von ihnen steht Posten, dazu kommt der Arbeitsdienst, das Essenholen, Schanzen, Minenlegen, Waffenreinigen und Holzfällen. Dies ohne Ablösung seit Ende Oktober in der stark beschossenen Stellung, deren Ausbau lange und schwere Kämpfe vorausgingen.

Daß viel geschossen wurde, war im Walde wohl zu sehen. Es gähnten in ihm viele Trichter, auch neue, deren Grund wie frisch geschmiert war, und an deren Rändern die Erde

117

rieselig lag. Ein stickiger Dunst war noch in sie verwebt. Auch waren die Spitzen der Bäume gekappt. Da die Russen mit ihren Granaten nicht sparen, wird immer der eine oder der andere der Posten erreicht.

Besuch bei Hauptmann Sperling, dem Bataillonskommandeur, in seinem Unterstande, der aus Eichenknüppeln gezimmert war. Die Decke stützten gröbere Baumstämme. Zwei rohe Pritschen, an den Wänden Borte, darauf Konservenbüchsen, Kochgeschirre, Gewehre, Decken, Ferngläser. Der Kommandeur ermüdet, unrasiert wie jemand, der sich die Nacht, und nicht nur diese, um die Ohren geschlagen hat. Er war im finsteren, tropfenden Walde von Baum zu Baum gesprungen, einen Angriff erwartend, während die Stalinorgel[29] die Erde aufspritzen und die Kronen herunterrauschen ließ. Ein Toter, ein Verwundeter. So Nacht für Nacht.

Auch hatte die eigene Artillerie Treffer hinter seine Hangstellung gesetzt:

»Da kann man doch nicht von Hängenbleiben sprechen. Ich lasse mit mir reden, wenn das Geschoß in den Bäumen krepiert.«

Also die alte, klassische Unterhaltung zwischen Artillerie und Infanterie.

»Leute schimpfen nicht mehr. Werden apathisch. Das macht mir Sorge.«

Spricht über seine Balkendecke, die Minen gewachsen ist, doch schwere Granaten nicht aushalten wird. Verluste: »Es ist vorgekommen, daß Tag mal keine.« Krankheiten: Rheumatismus, Gelbsucht, Nierenentzündungen, bei denen die Glieder schwellen; die Leute sterben auf dem Marsch zum Verbandplatze.

Alle diese Gespräche habe ich schon im ersten Weltkriege gehört, doch ist inzwischen das Leiden dumpfer geworden, notwendiger, und eher die Regel als die Ausnahme. Ich bin hier in einer der ganz großen Knochenmühlen, wie man sie

29. russischer Raketenwerfer.

erst seit Sebastopol und dem russisch-japanischen Kriege kennt. Die Technik, die Welt der Automaten, muß mit der Erdkraft und ihrer Leidensfähigkeit zusammentreffen, damit derartiges entsteht. Verdun, die Somme und Flandern sind demgegenüber episodisch, und es ist ganz unmöglich, daß diese Bildwelt in anderen Elementen, etwa als See- und Luftschlacht spielt. Ideengeschichtlich ist dieser zweite Weltkrieg vom ersten völlig unterschieden; er ist wahrscheinlich die größte Auseinandersetzung über die Willensfreiheit, die es seit den Perserkriegen gegeben hat. Und wieder sind die Fronten ganz anders gezogen, als es auf den Karten scheint. Den ersten Weltkrieg verlor der Deutsche mit dem Russen zusammen, und es kann sein, daß er den zweiten mit dem Franzosen zusammen verliert.

Abstieg gegen zwölf Uhr. Die Artillerie begann, um Essenholer zu erwischen, die Schluchten mit den schweren Granaten zu beschießen, die Sperling um seinen Unterstand beunruhigten. Sie klangen in der Tat gewaltig, wie das Niederbrechen von Gebirgen, die sich krachend aufsetzen.

Durch das Pschischtal zurück. Am Rande des Flusses eine Schlammfigur – ein toter Russe, der auf dem Gesicht lag, vor das er wie im Schlafe den rechten Arm gebreitet hielt. Man sah den schwarzen Nacken, die schwarze Hand. Der Leichnam war so aufgebläht, daß das verschlammte Zeug prall anschloß wie Haut bei einem Seehund oder großen Fisch. So lag er da wie eine angeschwemmte Katze, ein Skandalon. Im Ural, in Moskau, in Sibirien warten Frau und Kinder noch jahrelang auf ihn. Im Anschluß daran Unterhaltung über das »Thema«, bei welcher Gelegenheit ich wieder die allgemeine Abstumpfung, auch des Gebildeten, in moralischen Dingen bewunderte. Der Mensch hat das Gefühl, in einer großen Maschine zu stecken, in der es nur passive Teilnahme gibt.

Am Abend las ich die seltsame Wendung im Heeresberichte, in dem von der Gefahr der Flankenbedrohung gesprochen wird. Sie spielt wohl auf die Gefährdung von Rostow an, denn ohne Zweifel liegt hier das strategische Ziel der russischen Angriffe. So hat man immer Aussicht, in Massenkatastrophen verwickelt zu werden gleich einem Fisch im Schwarme, für den das Netz in großer Entfernung zugezogen wird. Doch hängt es von uns ab, ob wir auch den Massentod erleiden, den Tod, bei dem die Furcht regiert.

Kurinskij, 22. Dezember 1942

Am Morgen nach Kurinskij zurück. Wieder kam ich an der fortgeschwemmten Eisenbahnbrücke vorbei, an der immer noch das tote Pferd in winziger Verkleinerung an einem der Bäume hing, die sie wie Sträuße ausschmückten.

Gerade brach auf einem Bohlenstege, den Protzen überrollten, die Mittelplanke, so daß ein Zugpferd durch die Lücke stürzte und mit dem Kopf nach unten an den Sielen über den schäumenden Wellen pendelte. Zunächst für Augenblicke, sodann in immer kürzeren Pausen geriet es mit den Nüstern unter Wasser, während man oben die Fahrer aufgeregt und ratlos hantieren sah. Dann sprang ein Unteroffizier mit blanker Waffe vom Ufer auf die Brücke und hieb die Riemen durch, worauf das Tier ins Wasser stürzte und sich schwimmend rettete. Ein Hauch der Unruhe, des Irregulären umwitterte den Ort – die Stimmung der Engpässe.

Wieder über die Tunnelhöhe – Omar, ein gutmütiger Aserbeidschaner, der in diesen Tagen für mich gesorgt hatte, trug mir dabei die Sachen nach. Immer noch lag der tote Träger dort im Schlamme, obwohl täglich viel Hunderte an ihm vorüberziehn. Das Auslegen von Leichen gehört wohl zum Systeme – ich meine nicht der Menschen, sondern des Dämons, der an solchen Orten herrscht.

Ein wenig höher sah ich zwei neue Tote, von denen einer bis auf die Hose entkleidet war. Er lag im Bette eines Wildbaches, aus dem sich sein kräftiger, vom Froste blaugefärbter Brustkasten emporreckte. Den rechten Arm hielt er wie schlafend unter dem Hinterkopf, von dem eine blutige Wunde leuchtete. Den anderen hatte man allem Anschein nach auch des Hemdes berauben wollen, ohne daß es gelungen war. Doch war es soweit hochgestreift, daß ein kleiner blasser Einschuß in der Nähe des Herzens offen lag. Daran vorüber Gebirgsjäger mit schweren Rucksäcken und Ketten von Trägern, beladen mit Balken, Drahtrollen, Verpflegung, Munition. Alle seit langem unrasiert, von Lehm verkrustet, den Dunst von Menschen ausströmend, denen seit Wochen Wasser und Seife fremd geblieben sind. Ihr Blick streift kaum die Toten, doch fahren sie zusammen, wenn im Grunde der Abschuß eines schweren Mörsers wie der Stoß aus einem großen Kessel fährt. Dazu Tragtiere, die sich im Schlamm gewälzt haben, wie große Ratten mit verklebtem Fell.

Auf der Drahtseilbahn über die Pschisch. Hier, in großer Höhe auf einem schmalen Brette über dem Flußbett schwebend, mit beiden Fäusten an ein Kabel angeklammert, erfasse ich die Landschaft bildhaft, in einem jener Augenblicke, die tiefer schließen als alle Studien. Die kurzen Wogen im Grunde gewinnen etwas Starres und zeitlos Unbewegtes, wie Schuppen an einem Schlangenleibe, die hell gerändert sind. Ich schwebe neben einem der hohen Pfeiler der Tunnelbrücke, der als geborstener Turm mit romanischen Fenstern erhalten geblieben ist. Aus einem seiner Risse lugt, wie bei Bosch[30] aus hohlen Eiern und seltsamen Maschinen Menschen blicken, ein Offizier und ruft der Bedienung eines schweren Geschützes Zahlen zu. Man sieht die Kanoniere unten sich um ein graues Ungetüm versammeln, dann treten sie zurück und halten sich die Ohren zu, indes ein roter Feuerstrahl die Luft durchflammt. Gleich darauf erscheint wieder aus dem Gemäuer der Zahlen rufende Kopf. Verwundete mit leuchtenden Verbänden werden unten über den Fluß geflößt und dann in Bahren zu den Krankenwagen geschleppt, die zahlreich aufgefahren sind. Die roten Kreuze sind getarnt. Ameisenartig bringen Hunderte und Tausende von Trägern in langen Zügen Bohlen und Draht nach vorn. Mit Übermenschenstimme füllen dabei Melodien von Weihnachtsliedern den ungeheuren Kessel aus: der Lautsprecherzug einer Propagandakompanie

30. Hieronymus Bosch (um 1450–1516), niederländ. Maler.

spielt »Stille Nacht, heilige Nacht«. Und dabei immer wieder die schweren Mörserstöße, von denen das Gebirge widerhallt.

Das Ganze gleicht einem großen Zirkus, der sich dämonisch im Kreisen hält, und in dessen Ringen außer den stumpfen nur noch die rote Farbe gestattet ist. Es gilt hier nur Gewalt und Schmerz, die beide ineinander einfließen.

4. Theodor Plievier: Pfarrer in Stalingrad

Über Pitomnik wurde es finster. In der Mitte der weite Flugplatz, umgeben von einem Wall von Bunkern. In Reihen abgestellte Panzer, Lastwagen, Planwagen, Personenwagen, Zugmaschinen, Hunderte nach der einen, Hunderte nach der andern, Hunderte nach noch anderen Richtungen ausstrahlend, dicke Schneekappen auf den Plan-, den Blech-, den Stahlgehäusen, ohne Brennstoff, ohne Leben; gleich den Straßen einer verlassenen Stadt standen die langen Reihen der Fahrzeuge da. Und sie waren verlassen und aufgegeben. Und einige Kilometer südlich Pitomnik-Dorf (es waren in diesem zerbombten Ort nur noch wenige Hütten vorhanden, und das Leben hatte sich schon seit langem unter die Erde und in Bunker verkrochen) war verlassen und aufgegeben. Offenstehende und sich im Wind bewegende Türen. An den Verwundetenzelten flatternde Zeltfetzen. An Tür- und Bunkerwänden Anschriften: »Ortskommandantur – Deutsche Feldpost – Waffenmeisterei – Munitionsausgabe – Entlausungsanstalt – Tankstelle – Verpflegungsamt – Flugleitung – Stab Brenken – Versprengtensammelstelle« ... aber kein Mensch, nirgends ein Mensch. Auf Kraftfahrzeugen, auf Pferdefahrzeugen, auf Wagen, auf Schlitten ... an Wagen, an Schlitten hängend, abstürzend und zu Fuß weiterhumpelnd, und von nachkommenden Kolonnen – das waren die aus allen Himmelsrichtungen des Kessels vor dem Verpflegungsamt eingetroffenen

und nachher davonjagenden Fahrzeuge – auseinanderge-
sprengt, überfahren, von vorwärtsgepeitschten Pferden
umgerissen und liegenbleibend, oder wieder aufstolpernd,
so war die wilde Jagd vorbeigestoben, nach Osten, vom
Flugplatz nach Pitomnik-Dorf, nach Haltestelle 44, und wer
so weiterkam, bis Gumrak, und wer so weiterkam, bis
Stalingradski, und wer noch weiter kam, bis Stalingrad.
Die Posaunen von Jericho – kein Panzergeschoß, kein Panzer, der Laut aus einer angstgepreßten menschlichen Kehle
und der von tausend Hirnen aufgefangene und weitergetra-
gene Alarmschrei hat diesen Spuk entfesselt, und Pitomnik
war entvölkert, war wüst und aufgegeben, und nur der eisige
Hauch der Wolga strich jetzt über den riesigen Autofriedhof
und vorbei an Ruinen und Haus- und Bunkerwänden und
Bunkereingängen. Wer in den Dunst hinauslauschte – vielleicht daß das Wimmern eines Sterbenden sein Ohr
berührte; und wer dem Wimmern nachging – vielleicht,
daß er monotone Fragen und schluchzende Antwort ver-
nähme; und vielleicht, daß er im Dunst die kniende Gestalt
sähe, über einen ausgestreckten Menschen gebeugt, und
vom Uniformrock herabbaumelnd eine blinkende silberne
Kette, am Ende der Kette ein Kruzifix.
»Nein, ich will nicht..., ich will nur einmal...«
»Was willst du nur einmal, mein Junge?«
»Acht Jahre Hitlerjugend, dann Arbeitsdienst, dann Land-
dienst, dann Soldat..., einmal, Herr Pfarrer, leben ohne
Spindkontrolle, ohne Antreten, endlich einmal allein
sein...«
»Ich will nicht, ich will nicht...«
»Auch das Kind will nicht einschlafen, mein guter Junge.
Wenn aber die Mutter die Hand über die Augen legt,
schließen sich die Augen von selbst!«
Der Sterbende röchelte, seine Gestalt streckte sich.
»Vater unser, der du bist im Himmel...«
Und Finger recken sich vor und schließen die Augenlider,
ziehen das Soldbuch aus der Brusttasche, brechen das untere

Teil der (zu diesem Zweck perforierten) Erkennungsmarke ab und nehmen es an sich. Finger verrichten mechanisch tausendmal geübte Tätigkeit.

Lippen murmeln: ». . . Herr, gib ihm die ewige Ruhe. Und das ewige Licht leuchte ihm.«

Der Pfarrer ging langsam weiter. Er ließ den Ort der Verlassenheit, ließ gescheiterte Fahrzeuge, ließ von Lastfuhrwerken auf die Seite geschleuderte Schlitten, ließ verendende Pferde hinter sich. Auf der Landstraße, die sich in eine Steppenschlucht hinabsenkte und am Boden der Schlucht weiterführte, wanderte er in der Richtung Gumrak auf den Spuren des Alps, der mit Explosionsmotoren, mit schleudernden Wagen, auf schlurfenden und strauchelnden menschlichen Füßen vor ihm herrollte.

Wehrmachtspfarrer Kalser war auf dem Wege von Pitomnik nach Stalingrad. Einmal war er Vikar in Höxter an der Weser gewesen. Er kam aus dem westfälischen Kohlengebiet, aus einer Bergarbeiterfamilie. Als ihm eines Tages nur noch die Wahl zwischen Konzentrationslager- oder Wehrmachtspfarrer geblieben war, hatte er sich für die Wehrmacht entschieden.

»Ich bin der Pfarrer der 376. I. D.!« stellte er sich vor, wenn er sich zu einer am Wege liegenden Gestalt hinkniete. Die 376. Infanteriedivision, vor 56 Tagen jenseits des Donstroms angeschlagen, war von ihrem Kommandeur diesseits des Dons von neuem aufgestellt und bei den Kasatschihügeln von neuem geschlagen und versprengt worden. Nur noch führerlose Haufen waren von Westen her durch den Schnee getrieben. Der Pfarrer war nicht mit dem Divisionsstab davongefahren. Er war geblieben, wo das Sterben war, und hinter einem dieser Haufen mit seinem evangelischen Kollegen Martin Koog und seinem Küster Hans Schellenberg und einem abwechselnd gezogenen Handschlitten mit dem Gepäck war er herangezogen. Jetzt waren auch diese Haufen, ohne daß sich etwas Sichtbares ereignet hätte, in alle Winde zerstoben, und es war kein Koog, kein Schellenberg, kein Handschlitten mehr da, allein zog er seines Weges.

Protestanten, Katholiken, Russen drückte er die Augen zu. In dieser Nacht waren es keine von Granat- und Raketensplittern Zerrissene, waren es Geprellte, Gequetschte, Abgestürzte, von Deichseln Gespießte, von Pferden Zertretene, Überfahrene, von schwerem Achttonner Zermanschte, waren es Erfrierende, waren es aus den Verwundetenzelten Geflüchtete und im Schnee Steckengebliebene.

Das Wetter änderte sich. Am Tage war Schnee gefallen, abends war es dunstig gewesen, jetzt war der Temperatursturz da, und aus dem hohen Himmel fiel mörderische Kälte herab.

Pfarrer Kalser beugte sich über den nächsten.

Am Blick, mit dem der Priester in ihm gegrüßt wurde, erkannte er den Katholiken, und er holte das faustgroße Beutelchen mit dem aufgestickten »OI« hervor – einen Wattebausch, der schon die Stirn von Hunderten gestreift hatte, eine daumengroße goldene Kapsel mit dem vor Kälte gerinnenden Oleum Infirmorum[31] enthaltend.

»Willst du den Heiland haben?«

Ja! sagen die im Dunst aufscheinenden Augen. Die Hand, nach dem Beutelchen sich ausstreckend, greift schon ins Leere. Unter der segnenden Berührung der Stirn, unter der aufgelegten Hand wird das Röcheln des Sterbenden schwächer. Vielleicht, daß er noch einmal das Ewige Licht seiner Dorfkirche erblickt, daß er noch einmal die Luft seiner Heimaterde verspürt, daß ihm seine Mutter, seine Frau zu Hause noch einmal erscheinen.

Geweitete Augen. Todeskampf. Aus.

»Herr Pfarrer, bleiben Sie bei mir!« fleht der nächste.

»Nehmen Sie bitte diesen Brief mit! Schreiben Sie bitte an meine Frau!« bitten andere. Fast alle verlangen Abtransport. Viele verlangen eine Zigarette, viele verlangen Brot.

Sterbende, die eine Zigarette rauchen wollen! Sterbende, die nicht nach geweihtem, die nach einem Stück einfachen Schwarzbrot verlangen! Der Pfarrer war ohne Zigaretten,

31. lat., Öl für die Krankensalbung.

war ohne Brot. Fünf Hostien besaß er noch, und davon sollte er, er wußte nicht wie vielen sterbenden Mündern, die Wegzehrung spenden. Und das heilige Öl mußte er tief in der Hosentasche bewahren, um es vor dem Einfrieren zu schützen; und wenigstens eine Hand mußte er warm erhalten, zum Auflegen, zum Segnen, zum Austeilen der Sterbesakramente.

Ein Gesicht im Schnee, der Schnee weiß, das Gesicht gelb.

»Wie heißt du, mein Junge?« – »Hollwitz!«

»Wo fehlt's – ich bin der Pfarrer von der 376ten!«

»Eine Zigarette, dann fehlt nichts mehr!«

5. Heinrich Eisen: Schwester Erika

O Sonne! O Leben! Schwester Erika hat mit dem Sanitäter zusammen ihre Pfleglinge hinausgebracht. Sie liegen auf Mänteln und Decken im Schnee, genießen die wärmenden Strahlen.

»Wie im Sanatorium!« freut sich Fint. Er fühlt sich schon so gut, daß er am liebsten aufstehen und herumlaufen möchte. Er hat keine Schmerzen mehr, als ob da gar keine Wunde gewesen wäre. Kann so tief atmen wie zuvor. Was für ein Glück hat er gehabt und wie verzagt und bitter war er anfänglich gewesen! Der Hauptmann hat ihn aufgerichtet und die ruhige Heiterkeit der Schwester, die mit der selbstverständlichsten Gewißheit eines Arztes, der seinen Patienten gerettet weiß, an sein Leben glaubt.

»Die Sonne wird Ihnen gut tun, Peterlein«, sagt sie. »Wenn sie noch ein paar Tage scheint, dürfen Sie aufstehen und spazierengehen.«

»Wenn sie nur auch meine Füße heilen könnte«, ruft Schittel aus mit einem Gesichtsausdruck, in dem sich der Kummer seines Wissens, ein Krüppel zu bleiben, mit dem Willen streitet, trotzdem das Lachen nicht zu verlernen. Ja, seine Füße sind verloren, darüber ist er sich selbst so klar wie die

Schwester und wie Liebel. Anfänglich waren sie gelb und hart, unempfindlich, wo sie erfroren waren, schmerzend, wo der gesunde Teil begann. Dann wurden sie grün, blau, schwarz, und man konnte Stücke abbrechen, ohne daß er es fühlte. Aber das merkwürdige Absterben fraß weiter, dieses langsame Verkohlen. Ob das überhaupt einmal ein Ende nahm? Niemand hatte eine bindende oder auch nur zuversichtliche Antwort darauf.

»Ich glaube, man müßte die Füße abnehmen, um die Beine zu retten«, sagt er ruhig.

»Wenn Sie erst im Lazarett sind, werden die Ärzte schon Rat wissen«, tröstet Erika.

»Glauben Sie, daß dann noch Zeit sein wird? Im Frühjahr?«

»Sicher. Die Erfrierung greift nur ganz langsam um sich – und es könnte ja auch schon bälder sein.«

»Oder gar nicht«, sagt der Tiroler trocken.

»Pessimist!« tadelt ihn Fint.

Gar nicht Pessimist, er stelle nur eine Möglichkeit fest. Ob er etwa diese Möglichkeit bestreiten könne?

Nein, das nicht, aber sie verstehe sich von selbst und es habe gar keinen Zweck, sich besonders mit ihr zu beschäftigen. Der Tiroler jedoch ist der Ansicht, daß man sich mit solchen Möglichkeiten von vornherein vertraut machen müsse. Im Ernstfall werde man dann von der Enttäuschung weniger hart getroffen und bewahre sich leichter seine gute Haltung. Was die Schwester meine?

Erika meint, beide hätten recht. Und dann schlendert sie mit ihren Decken weitab zur Seite, sucht sich in einer Kuhle zwischen zwei Schneehügeln, unter denen Buschwerk begraben ist, ein stilles Plätzchen, das ihr, nun sie hineingeschmiegt liegt in das weiche Lager, weltenfern einsam erscheint. Ist einmal nichts anderes als sie selbst: Erika Heide.

Das ist gar nicht so einfach.

Schon im Laufe der vielen Monate ihres Dienstes im Feldlazarett war ihr das frühere Leben so lange vergangen erschie-

nen, wie vielleicht Greisen ihre Jugend vergangen erscheinen
mag... Unmöglich, dorthin zurückzukehren, unmöglich,
sich vorzustellen, daß man wieder einmal dieses bequeme,
gleichmäßig freundliche, an Pflicht und Leistung so mäßige,
an Lust so seichte, an Gefahren und Mühsalen so arme
Dasein führen sollte, führen *könnte*. Seit sie bei der Kompanie ist, ist dieses Empfinden noch tiefer geworden. Es ist, als
wäre alles Persönliche von ihr abgefallen. Sie ist ein Teil
dieser Einheit. Mit ihr verwachsen, daß sie sich nicht vor-
stellen kann, sich einmal wieder von ihr trennen zu müssen.
Wenn das kommen wird, wird sie ihr nachweinen, wird sie
um sie trauern, wie man sonst nur um einen Menschen
trauern kann, um den geliebtesten Menschen, den man
besitzt, ohne den man nicht leben zu können glaubt. Nicht
ein einzelner wird ihr dabei vor Augen stehen, das Bild der
Kompanie als solche wird ihre Seele erfüllen, als ein
untrennbares Ganzes, ein unscheidbares Wesen. Der eine,
der von ihrem Herzen Besitz ergriffen, lebt doppelt in ihr:
das eine Mal verschmolzen mit der Kompanie, daneben
noch einmal gesondert, allein, als Persönlichkeit – als Mann.
Von dem sie ihr Herz nie wieder wird trennen können. Der
ihr ganzes Leben lang in ihr wohnen wird, ganz gleich, ob
sie morgen oder im Frühjahr voneinander scheiden werden,
ganz gleich, welchen Weg das Schicksal sie führen mag.
»Wenn ich nicht blind wäre, würde ich dich bitten, immer
bei mir zu bleiben«, hatte Karlheinz gesagt. Sie war der
Antwort ausgewichen. »Muß denn immer alles Glück gleich
auf seine Dauer festgelegt werden?«
Und ein andermal, als er in sie drang, ihr durch Hingabe
seines ganzen Lebens danken zu dürfen: »Du bist einund-
zwanzig Jahre. Du bist ein wundervoller, liebenswerter
Junge, aber sieh, eben ein Junge. Ich bin zweiundzwanzig,
Karlheinz, eine *Frau*. Ich bin zu alt für dich. Körperlich und
seelisch.«
Als er traurig wurde – wie ein hübsches Kind konnte er
betteln, dem man einfach nichts abschlagen kann –, hatte sie
ihn zärtlich getröstet. »Laß dir an der Gegenwart genügen.

Du wirst nach Hause kommen und es werden viele sein, die dich lieben, obgleich du blind bist. Du hast Vater und Mutter und Geschwister. Bleibe noch eine Weile ganz ihr Sohn und Bruder, denn gerade jetzt möchten *sie* dir ja *alles* sein. Eines Tages wirst du dann jenes Mädchen finden, unter dessen Küssen wie ein Hauch verweht, was du bisher in deinem Leben an Seligkeit empfunden hast. Du brauchst und du wirst mich nicht vergessen. Du wirst an mich denken als die Kameradin, die dich lehrte, mit den Händen die Geliebte zu sehen, die dich in den Stunden, da du sie brauchtest um des inneren Lichtes willen, in ihre Liebe hüllte.«

»So liebst du mich nicht?«

»Ich liebe dich wohl.«

»Dann verstehe ich dich nicht.«

»Wer versteht ein Herz? Das Herz eines andern? Versteht man denn sich selbst?«

O Sonne! O Leben!

In all diesen Tagen, da sie dem jungen blinden Helden die Gnade ihres Leibes gegeben als eine Verheißung der Unvergänglichkeit seines Glückes, so wie man dem Sieger oder dem toten Heroen den Lorbeer um die Stirne legt zum Zeichen seines unsterblichen Ruhmes, in all diesen Tagen lag es über ihr selbst wie ein Schleier, hinter dem alles Laute leise, alles Licht sanfter, alle Kraft besinnlicher, alles Harte weicher, alles Denken tiefer, alles Empfinden inniger wurde. Dieser Schleier aber trug das Bild des andern. Es war wie gewoben in ihn, riesengroß. Dieses Bild war der Hintergrund geworden, vor dem ihr Leben stand.

Liebe Sonne... liebes Leben...

Sie dehnt sich und öffnet die Bluse, schenkt den Brüsten das schmeichelnde, warme Licht und die Kühle der blanken Luft. Schließt die Augen.

Der Gong schlägt. Fliegerdeckung. Hastiger, mahnender, eindringlicher als sonst scheinen ihr die glockenartigen Töne. Sie hört das ferne Summen. Es kommt rasch nahe. Sie ist weit vom Lager, kann es nicht mehr erreichen. Sie wird ruhig liegen bleiben, das ist wohl das beste. Aber umsehen muß sie sich. Öffnet die Augen, starrt gerade in Turras Gesicht. Sieht: ein Raubtier, ehe es seine Beute schlägt. Will noch aufspringen. Es ist zu spät. Schreit auf – der Schrei erstickt unter seinen Küssen.

»Nicht – bitte nicht . . .« bettelt sie.

6. Günter Eich: Lazarett

Nächtlich erwacht
seh ich am Nachbarbett
geblecktes Gebiß,
klappernd Skelett,

über Namen
und Daten geneigt,
ob die Kurve
sinkt oder steigt,

vermodertes Aug
auf der Kreidezahl,
Visite, stelzend
quer durch den Saal,

wie der Schläfer
sich wälzt und stöhnt,
aus zerfressener Kehle
ein Schnarchen tönt,

der Atem röchelt,
beruhigt haucht,
die Stirne bleichend,
in Schweiß getaucht,

aus den Verbänden
die Röte tropft,
dem prüfenden Daumen
die Ader klopft.

Über Karbol-
und Todesgeruch
ziehn Fingerknochen
das Leichentuch.

Das Rippengitter
im Fenster verblich.
Meint er die andern,
meint er auch mich?

7. Heinz G. Konsalik: Zwischen Alexandra und Luise

Alexandra Kasalinsskaja saß am Bett von Sellnow und hielt
seine heißen Hände. Sie war seit zwei Wochen in der Fabrik
»Roter Oktober« und pflegte ihn.
Ihre Blässe hatte etwas nachgelassen. Die frische Schneeluft
und die Ruhe, vor allem aber Sellnows Nähe wirkten heilend
und kräftigend auf sie. In einem dicken Wollkleid, am Halse
hochgeschlossen, von mittelgrauer Farbe, dicken Woll-
strümpfen und hohen Schuhen sah sie aus wie eine der
tausend Frauen in Stalingrad, die durch den Schnee eilen und
vor den Läden der staatlichen Geschäfte anstehen. Um ihr
linkes Handgelenk klirrte eine schwere, goldene Kette, der
einzige Schmuck, den sie trug. Nicht einmal eine Nadel
hellte das dumpfe Grau des Kleides auf.
Sellnows Zustand war sehr wechselnd. Zwischen Fieber-
schauern und völlig gesunden Tagen pendelte er hin und her.
Immer, wenn er die Hoffnung hatte, die Krankheit über-
wunden zu haben, warf ihn ein neuer Rückfall nieder und
hielt ihn drei oder vier Tage im Bett, das er dann gesund und

verwundert über diese Krankheit wieder verließ und weiterarbeitete, als sei er nie krank gewesen.

Auch die Kasalinsskaja konnte nicht sagen, welcher Art diese Krankheit war – zumindest behauptete sie, es nicht feststellen zu können, und pflegte Sellnow während der Anfälle mit rührender Hingabe.

Als sie auf Anraten Dr. Kresins ihre Ferien nahm und nach Stalingrad kam, hatte Sellnow gerade seine anfallfreien Tage, stand im Ordinationszimmer seines Behelfslazaretts vor dem Verbandstisch und versorgte eine Quetschwunde. Alexandra kam, ohne anzuklopfen, in den Raum und sah sich erstaunt um. Sellnow, der sie eintreten sah, nahm keinerlei Notiz von ihr, wenn auch sein Atem schneller ging und das Blut in seinem Hals zu klopfen begann.

»Nanu?!« rief die Kasalinsskaja. »Ist keiner da, der mich begrüßt?!«

»Stören Sie nicht!« erwiderte Sellnow. »Sie sehen doch, daß ich verbinde! Tür zu! Es zieht!«

Gehorsam, aber mit knirschenden Zähnen schloß Alexandra die Tür. »Sie haben seit vier Tagen keine Meldungen mehr an die Zentrale geschickt! Dr. Kresin ist sehr ungehalten.«

»Das soll er mir selbst sagen, aber nicht eine Frau schicken!«

Die Sanitäter sahen starr auf ihren Arzt. Wie sprach er mit der gefürchteten Kasalinsskaja? Sellnow untersuchte in aller Ruhe die Quetschung und verband sie. Dann drehte er sich um, ging an Alexandra vorbei, wusch sich in einer Schüssel die Hände und trocknete sie umständlich ab.

»Was stehen Sie eigentlich hier herum?!« fuhr er sie an. »Ich habe jetzt zu tun und keine Zeit, mir die Beschwerden des Herrn Dr. Kresin anzuhören!«

»Man sollte Sie zur Erschießung melden!« schrie die Kasalinsskaja. Die Soldaten in dem Zimmer erbleichten und traten zurück, nur Sellnow lächelte.

»Das wäre doch zu schade«, meinte er. »Was man am Tage sagt, hat man schon oft in der Nacht bereut...«

Die Ärztin kniff die Augen zusammen. Gift und Gier sprang

Sellnow aus diesem Blick an. Dann drehte sie sich brüsk um und riß die Tür auf. Mit langen Schritten eilte sie davon. Sellnow rief ihr nach: »Bitte das nächstemal die Tür schließen!«

Er hörte, wie die Kasalinsskaja am Ende des Ganges vor Wut mit der Faust an die Mauer trommelte...

Nach dem Mittagessen in der Stolowaja, dem großen Eßsaal der Fabrik, ging er zurück in sein Zimmer. Dort lehnte die Kasalinsskaja an der Wand und wartete. Ihre schwarzen Augen waren verschleiert. Stumm standen sie sich gegenüber. Dann warf sie die Arme um seinen Hals, zerwühlte seine Haare und krallte sich in seinem Nacken fest. Wie eine Trunkene suchte sie immer wieder seine Lippen und stöhnte unter seinen Liebkosungen. »Du...«, flüsterte sie. »Du Wolf! Du Tiger...«

Schweratmend saß sie dann auf seinem Bett und ordnete Haare und Kleidung. Er sah ihr zu, wie sie das Bein weit ausstreckte und den Strumpf befestigte. Ihre langen Schenkel leuchteten matt in dem grellen Licht. In ihren Augen lag unverhülltes Glück, eine wundervolle Seligkeit und Erlösung.

»Wann mußt du wieder fort?« sagte er leise.

»Wenn du willst ... nie!«

»Du kannst bei mir bleiben?« stieß er glücklich hervor.

»Vierzehn Tage, Werner...«

»Vierzehn Ewigkeiten...«

Sie sprang auf und warf die Arme um ihn. Ihr Gesicht strich wie eine schmeichelnde Katze über seine Wange.

»Mein süßer, kleiner Plenni[32]...«, flüsterte sie. Er drückte seine Finger in ihr Fleisch, daß sie aufschrie.

»Ich will das nicht hören«, sagte er heiser. »Ich will in deiner Nähe kein Plenni sein. Ich will frei sein in deinen Armen – frei wie ein Adler in der Luft...«

»Ich werde ihn herunterschießen und sein Herz essen!« flüsterte sie heiß. »Sein Herz aus der warmen, blutenden

32. russ., Gefangener.

133

Brust!« Sie nahm seinen Kopf zwischen die Hände und küßte sein Gesicht, ihre Zähne nagten an seiner Haut. »Ich möchte ein Vampir sein«, stammelte sie, »ich möchte dir das Blut aussaugen ...«

»Du bist eine asiatische Katze.« Er entzog sich ihren Händen.

Umschlungen standen sie an dem kleinen Fenster, das hinausführte auf den Fabrikhof. Am Ende des Platzes war wieder der hohe Stacheldraht. Auf der breiten Mauer patrouillierte ein russischer Posten in einem langen Mantel. Die riesigen Schornsteine qualmten.

»Immer Stacheldraht«, sagte Sellnow. Seine Stimme war dunkel vor Kummer. »Er wird immer zwischen uns sein ...«

»Einmal wird es vorbei sein. Man hat schon Tausende entlassen, Werner.«

Sellnow schloß die Augen, um ihrem Blick auszuweichen. »Und dann?« fragte er.

»Dann werden wir immer zusammen sein ... ein ganzes Leben lang!«

»In Rußland?«

»Oder in Deutschland. Ich werde überall mitgehen, wohin du gehst ...«

Er drückte ihren Kopf an sich und streichelte ihren Rücken. Über sie hinweg blickte er auf den Draht und den Posten, auf die deutschen Gefangenen, die unten im Hof den Schnee schaufelten, und auf den jungen Leutnant, der gerade aus der Wachstube trat und seine Tellermütze auf den kahlen Schädel drückte.

In Deutschland warteten Luise und zwei Kinder auf ihn. Eine schlanke, blonde, kühle, vornehme Frau, die Tochter eines Justizrates, gewöhnt, ein großes Haus zu führen, zu repräsentieren und zu glänzen durch ihre gläserne Schönheit. Sie hatte ihn, den jungen Assistenzarzt, aus Liebe geheiratet, sie hatte die ersten, schweren Jahre tapfer durchgestanden und den Aufbau der Praxis unterstützt, sie hatte sogar den weißen Kittel angezogen und ihm assistiert, um die Arzthilfe zu sparen. Dann war sie wieder die Tochter des reichen Vaters – sie gab Gesellschaften und trug den Namen ihres Mannes wie eine Standarte vor sich her. Als er sie das letztemal besuchte, bevor er nach Stalingrad geflogen wurde, um Dr. Böhler zu unterstützen, hatte sie beim Abschied nicht geweint, sondern ihn stumm umarmt. Erst draußen, bevor er in den Wagen stieg, sagte sie: »Was auch kommt, Werner ... ich warte auf dich!«

Ich warte auf dich...

Sellnow sah auf den wilden, schwarzen Lockenkopf in seinen Armen. Ihre Hände lagen auf seiner Schulter, weiß, schlank, lang. Er fühlte den zärtlichen Druck ihres Körpers durch den Stoff.

Ich werde überall mitgehen, wohin du gehst...

Ich warte auf dich...

Ich werde überall mitgehen...

Die Angst vor dem Morgen schlug über ihm zusammen. Luise und Alexandra... Er ahnte die Einsamkeit, die ihn erwartete.

»Du bist nicht mehr krank?« sagte sie und streichelte sein Gesicht. »Aber blaß bist du, so blaß.«

Er legte seine Stirn gegen die ihre. »Ich habe mich so nach dir gesehnt...«

»Und jetzt bin ich da.«

»Ja. Jetzt bist du endlich da.«

»Vierzehn lange Tage und kurze Nächte.« Ihr Atem war heiß. Er trank ihn. Er dachte nicht mehr daran, was er Dr. Kresin gesagt hatte, daß er froh sei, der Kasalinsskaja entronnen zu sein. Sie lag in seinen Armen, er roch ihr Rosenparfüm. Während er sie küßte, verschloß er mit der linken Hand die Tür...

Vier Tage später erhielt Sellnow Post.

Auch für ihn war es die erste Nachricht nach vier Jahren. Enge, steile Buchstaben bedeckten die vorgezeichneten Zeilen. Unter ihnen erblickte er die kindlichen Kritzeleien seiner beiden Töchter.

»Lieber Pappi«, las er.

Er ließ die Karte sinken und senkte den Kopf. Barhäuptig stand er im Schnee. Die Kasalinsskaja war in die Stadt gefahren, sie wollte Fleisch für einen Festbraten besorgen.

Lieber Pappi...

Er zitterte, er konnte nicht weiterlesen. Es war ihm, als habe er das Recht verloren, diese Karte zu empfangen. Den ganzen Vormittag trug er sie mit sich herum und las sie nicht. Die erste Post nach vier Jahren Schweigen. Er dachte an die ersten beiden Jahre, wo er fast verzweifelte, daß die Heimat schwieg, wo sie an der Kommandantur standen und jeden Tag fragten: »Keine Briefe? Keine Karten? Nichts?« Und der Kommandant – damals war es ein russischer Hauptmann mit vollendeten Manieren – schüttelte traurig den Kopf und meinte, daß die Heimat sie vergessen hätte, sie, die in Rußland langsam zugrunde gingen...

Vergessen? Luise ihn vergessen? Ich warte auf dich – das waren ihre letzten Worte. Er konnte es nicht glauben, er hoffte auf ein Zeichen... zwei, drei, vier Jahre lang... und jetzt war es da ... eine Karte, und auf ihr stand: Mein liebster Werner... Lieber Pappi...

Und Alexandra war in Stalingrad, um Fleisch zu kaufen.

In einer Ecke des Hofes, nahe dem Stacheldraht und dem gähnenden Posten, las Sellnow die Karte... Uns allen geht es gut und mit aller Liebe hoffen wir, daß es Dir nicht schlechter geht. Marei ist jetzt ein großes Mädchen und hilft mir schon in der Küche. Lisbeth ist in die Schule gekommen und schreibt so schöne i und o. Unsere ganze Hoffnung und alle unsere Wünsche gelten nur Deiner Rückkehr. Ich denke immer an Dich, Werner, und weiß erst jetzt, wie sehr ich Dich liebe. Deine Luise... Lieber Pappi! Wir sind alle munter und froh. Jetzt ist Sommer, und ich gehe gleich in den Untersee schwimmen. Ich kann gut schwimmen. Pappi, komm bald wieder. Es küßt Dich Marei und Lisbeth...

Sellnow lehnte sich gegen die rauhe Mauer. Tränen liefen ihm über die Backen. Luise – Marei – Lisbeth –. Als er an Alexandra denken mußte, hatte er einen Augenblick die Versuchung, mit dem Kopf gegen die Wand zu rennen und ein Ende zu machen. Er brauchte sich nur in den Draht fallen zu lassen und zu versuchen, ihn zu erklettern. Dann würde der Posten schießen, und alles, alles war vorüber...

Zögernd stand er vor dem Zaun. Er starrte empor zu dem Mann im langen braunen Mantel mit der Maschinenpistole vor der Brust. Die Stiefel klapperten auf der Mauer.

Doch dann siegte die Vernunft. Er steckte die Karte ein und ging langsam zu seinem Steinbau am Ende des Platzes. Vor dem Eingang blieb er stehen. Er hatte Angst, den Raum zu betreten. Was sollte er Alexandra sagen? Sollte er ihr die Karte zeigen? Sie würde sie zerreißen und ihm das Gesicht zerkratzen, sie würde wahnsinnig werden und ihre Rache nicht an ihm, sondern an den Tausenden Plennis auslassen, die ihr wehrlos ausgeliefert waren. Ein reißendes Tier würde sie werden, unbeherrscht, unmenschlich wie in der Liebe zu ihm.

Um sich Mut zu machen, redete er sich zu, ein Opfer für seine Kameraden zu bringen. Solange er sie liebte, würde sie mild zu allen sein – im Gegensatz zur ersten Zeit, wo sie am Tage eine Furie des Grauens war, um in der Nacht eine Furie der Liebe zu werden. Seit ihrer örtlichen Trennung war sie weicher geworden, fraulicher, milder, duldsamer und verinnerlichter. Das zog ihn wieder zu ihr hin, das machte ihn willenlos. Und was mit einem Rausch begann, mit einem Ausbrechen urhafter Instinkte, das wandelte sich in Liebe, die sich mit jedem Kuß, jeder Umarmung erneuerte und wuchs.

In seinem Zimmer saß Sellnow am Fenster und stierte auf die verschneite Fabrik, bis die Kasalinsskaja eintrat. Ihr Gesicht war von der Kälte gerötet, ihre langen schwarzen Haare flossen unter der flachen Mütze hervor auf den Mantelkragen. In einem Netz trug sie viele Pakete. Sie eilte zu Sellnow an das Fenster und küßte ihn – ihre kalten, vollen Lippen ließen ihn zusammenschauern.

»Mein halbes Monatsgehalt ist weg«, sagte sie, indem sie sich aus dem Mantel schälte. Sellnow blickte zu Boden. Ihr biegsamer Körper war immer, in jeder Bewegung, in jeder Lage, eine Lockung. »Ich habe Fleisch gekauft, Wurst, gute ukrainische Butter, Sonnenblumenöl, Kuchen und chinesischen Tee. Du sollst wieder ganz gesund werden, mein starker Wolf...«

Ihre Stimme strömte Zärtlichkeit aus. Sie war wie das Rauschen der Wolga. Man konnte die Augen schließen und nur dem Klange lauschen und wäre glücklich gewesen...

8. Heinrich Eisen: Frontweihnachten

Der Spieß steht auf dem Sprung wie ein Torwart, brüllt »Achtung!«, daß das Festzelt wackelt und macht seine Meldung. Rott sieht sekundenlang über die vom Laternenlicht und dem Scheine der offenen Feuer unruhig beleuchteten Köpfe seiner Männer, befiehlt »Rührt euch!«, und während er dem Feldwebel nach dem oberen Ende des Festsaales folgt, werden auf dessen Wink an der niederen Tanne, die dort steht, die Kerzen angezündet, klingt, erst ein wenig unsicher, fast schamhaft, dann ruhiger und kräftiger das alte Weihnachtslied ihrer Kindheit: »Stille Nacht, heilige Nacht...«

Stehend singen sie alle Verse. Auch Rott ist stehengeblieben. Er singt nicht. Er lauscht und sinnt und betrachtet dabei mit stiller Freude den Festsaal, den sie da wieder aus allem möglichen und unmöglichen Material in den verschiedensten Baukonstruktionen zusammengebastelt und der doch, vollkommen mit Fichtenzweigen ausgeschlagen, in deren schwarzgrünem Dunkel Hunderte von Sternen aus weißer Birkenrinde leuchten, einen ebenso harmonischen wie eigenartig stimmungsvollen Eindruck macht. Die Flöße hatten sich zu langen Tischen und schmalen Bänken gewandelt. Die Tische haben Zeltbahndecken und auf jedem steht in der Mitte ein aus Fichtenzweigen geflochtener dreiarmiger Leuchter. All die Kerzen sind nun ebenfalls angezündet und werfen ihr Licht auf die von Tannengirlanden eingefaßten

Geschenkkörbe. Vor jedem Mann steht einer. Auch vor Rott selbst. Er sieht genau aus wie all die andern und enthält genau dasselbe – sie wissen ja, wie er darüber denkt. Aber etwas Besonderes ist noch dabei: Zwischen der Flasche Sekt und dem frischgebackenen duftenden Stollen, zwischen Schokolade und Delikatessen, Nüssen und Zigaretten steht ein stattliches holzgeschnitztes Pferd, das genaue Abbild seines Glücksterns.

Immer wieder sieht Rott auf das Meisterwerk. Immer wieder denkt er, das ist doch nicht möglich – wer ist dieser große Künstler? Er hat doch nie etwas davon gehört, daß sie einen Holzbildhauer unter sich haben. In der Fußplatte ist eingeschnitzt: »Ihrem geliebten Hauptmann, die verlorene Kompanie – Weihnachten 1941«.

Tief bewegt in seinem Herzen sieht er über all die Gesichter hin, die der Weihnachtstanne zugewandt sind und einen unbeschreiblich wehmütig-glücklichen, dankbar-feierlichen Ausdruck haben. Sieht sich immer wieder rings um. Was müssen die Kerle in den letzten Tagen heimlich geschuftet haben! Wie froh ist er, daß er sie alles allein hatte erfinden und machen lassen, daß er sich gar nicht um die Vorbereitung des Festes gekümmert, ihnen den freudigen Ansporn der Möglichkeit der Überraschung gegeben hat. Aber die meisten von ihnen waren ebenso überrascht, denn sie hatten nur den Rohbau und den Ausschnitt der übrigen Arbeit gesehen, bei dem sie jeweils persönlich tätig gewesen. Die Zusammenfügung zum verblüffenden Ganzen und dessen Ausschmückung hatte der Spieß mit nur einer Handvoll besonders dazu veranlagter Männer allein durchgeführt.

Nun ist das Lied leise verklungen. Rott winkt ihnen, sich zu setzen. Er spricht. Ein paar Worte nur.

»Meine liebe siebte Kompanie... Wir sind zusammengekommen, um miteinander das schönste Fest des deutschen Menschen zu feiern. Wir danken dem Schöpfer, an den wir in irgendeiner Form doch alle glauben, auch wenn wir uns mit ihm und über ihn streiten und ihn hundertmal verleugnen, daß er uns diese Stunde erleben läßt. –

Die Leitung des Abends hat unsere Kompaniemutter.[33]«

Er nimmt mit zärtlichen Händen das Holzbildwerk aus seinem Geschenkkorb.

»Laßt mich euch und dem Künstler danken für dieses wundervolle Geschenk. Ich stehe leider mit leeren Händen da, kann euch nichts geben als noch einmal das, was ihr schon lange besitzt und was euch gehört bis zu meinem letzten Atemzug: mein ganzes Herz.«

Es ist still. Er setzt sich. Da steht der kleine Peter Fint auf, mitten unter ihnen, und trägt einen Prolog vor – gedankenvolle, klingende Verse, endend in den Anfang des Liedes »O du fröhliche, o du selige, gnadenbringende Weihnachtszeit«. Sie nehmen es auf und singen es, so schön, wie nur *eine* Kompanie das singen kann, Rotts Siebente. Was kümmert sie der Text in seiner wörtlichen Bedeutung? Was schert sie Wahrheit oder Legende, Dogma oder Symbol, Glaube oder Wahn? Was sie singen, ist die Freude ihrer Herzen, ist die Erinnerung ihrer Kindheit, ist das unzerstörbare deutsche Gemüt.

Zur Rechten Rotts sitzt Scherk, dann Erika und Roschall, zur Linken der Feldwebel und Maier zwo mit den drei andern vom Kompanietrupp. Bis auf den Fahnenjunker sitzen alle Zugführer bei ihren Zügen, die Gruppenführer unter ihren Gruppen. So war auch Turra nach kurzem Zögern zu seinem Zug gegangen und kaum da, hatte ihn Ruppel flüsternd gefragt, wie kalt es draußen sei. Ja, das wußte er im Augenblick auch nicht, aber so eine milde Mittellage von zwanzig Grad schätzte er.

Sie singen noch gemeinsam »O Tannenbaum, o Tannenbaum«, dann ist Abendkostfassen. Den großen Festbraten gibt es erst am morgigen Weihnachtstag, jetzt am Abend essen sie aus praktischen Gründen kalt: Lachs und Kaviar als Vorspeise, dann den letzten Schinken mit Kartoffelsalat. Die Köche hatten alles schon am Nachmittag vorbereitet, so daß es wie am Schnürchen geht. Ein Tumult der Begeisterung

33. älterer Spitzname für den »Spieß«, den Kompaniefeldwebel, Hauptfeldwebel.

140

bricht los, als ein ganz ansehnliches Faß hereingerollt wird. Vom Inhalt dieses Fasses hat niemand Kenntnis, außer Kienzel und Christoph. Es war bei der Jagdhausbeute gewesen und, so gut es ging, versteckt gehalten worden. Neugierigen Fragern, die es trotzdem entdeckt hatten, war gesagt worden, daß es Sirup enthalte. Das stimmte, wie sich nun herausstellt, ganz und gar nicht. Es ist zu Ruppels Leidwesen auch weder Hofbräu noch Maibock, nicht einmal Pilsner, aber immerhin etwas Trinkbares und für Kenner etwas besonders Gutes: ein feuriger, würziger Krimwein. Scherk kugeln die Augen heraus, als er die Nase über das Glas senkt. Drei Gläser waren bekanntlich da, die hatte der Oberkellner Maier, wie es sich gehörte, vor die beiden Offiziere und die Dame des Hauses gestellt. Die andern trinken aus ihren Trinkbechern. Der Wein fördert die Lust am Essen ebensosehr, wie er die Stimmung hebt. Fünfzig Liter waren, mit Verstand getrunken, eine ausreichende Menge, zumal sie ja für später die Flaschen bei ihren Gabentellern besitzen, Sekt, Schnaps, Likör – wie es sich gerade getroffen hatte.

Scherk[34] sagt zu Rott: »Es ist mir einfach immer wieder ein Rätsel, Herr Hauptmann, wo Sie das alles herzaubern.«

»Lieber Kamerad, unermüdlich auf den Beinen sein, ob Sonne scheint oder Schneesturm wütet, mit beharrlicher Geduld kluge Vorsicht üben, aber dann den rechten Augenblick erkennen und unter rücksichtslosem Einsatz des Lebens zupacken – ist keine Zauberei.«

»Aber Glück gehört dazu, viel Glück, um es immer wieder zu schaffen.«

»Gewiß, das soldatische Glück, das sprichwörtlich geworden ist, weil man eben vom soldatischen Pech nicht spricht. Wir haben auch schon gehungert, viele Tage lang nichts mehr gehabt, kein Stückchen Brot, haben gedörrtes Pferdefleisch zum Erbrechen gekaut. Und nicht etwa, weil wir gebummelt hätten. Wir sind wochenlang in Eis und Schnee

---

34. Scherk ist Fliegeroffizier; er war abgeschossen worden und zu Rotts Kompanie gestoßen.

herumgelegen, ohne daß uns plötzlich ein wohlausgestattetes herrschaftliches Jagdhaus vor der Nase stand oder eine Proviantkolonne greifbar wurde. Wir wissen auch, daß unsere Möglichkeiten immer geringer werden. Je öfter wir in Erscheinung getreten sind, je länger es dauert, um so schwieriger wird alles werden, um so seltener ein Erfolg sein. Ich fürchte, wir werden noch viel darben und hungern müssen. Vor dem *Ver*hungern, hoffe ich, wird uns unsere lebende Fleischfabrik schützen.«

Immer noch brennen die Kerzen in den Leuchtern und am Weihnachtsbaum. Das Huber-Quartett singt: »Wie's daheim war, wo die Wiege stand . . .« Zwischendurch unterhalten sie sich, sitzt der eine oder andere auch stumm, mit weiten Augen in den Kerzenglanz versunken, in sich selbst. Bis ihn ein anderer anstößt: »Komm, trink.«

Und dann steht Rott auf. Es wird im Augenblick mäuschenstill, trotzdem der Geist des Weines schon über sie gekommen ist.

»Meine Kameraden!

Wir feiern das Weihnachtsfest in der Weite des russischen Landes, in der Einsamkeit des Sumpfwaldes. Mitten im Reiche des Feindes selbst, ganz auf uns allein gestellt. Nicht nur fern der Heimat, fern unserer Front, sondern überhaupt völlig abgeschnitten von ihnen. Ohne Rundfunk. So laßt mich die Stimme der Heimat sein, die Stimme der Front. Und die Stimme euerer Herzen.

In diesen Stunden läuten in Deutschland die Glocken. Die Stimmen des Ewigen. Die Stimmen einer Liebe, die nicht das Ihre sucht, sondern sich selbst opfert für das Glück der andern. Einer Liebe, die aus freien Stücken alles auf sich nimmt: Finsternis, Hunger und Frost, Kampf, Qual und Tod, damit den andern das Licht bleibe und das Leben . . . Wer verkörpert diese Liebe mehr als der Soldat?

Wir hören die Glocken nicht, und wir hören sie doch. Hören sie, wenn es um uns so still ist wie jetzt. Wenn wir die Augen schließen oder nichts mehr sehen als den Glanz unserer Kerzen. Hören die ehernen Stimmen, die hohen und tiefen, die bangen und die frohlockenden, die sich alle einen zu der Stimme des Glaubens und des Dankes, zu der Stimme der Heimat, der Stimme unseres Volkes. So wie die Heimat, so wie unser Volk uns grüßt in dieser Stunde, so grüßen wir Volk und Heimat wieder.

Warum sollen wir es nicht sagen: Das Herz ist uns schwer. Weil es voll ist, voll bis zum Rande von all dem, was ein Mensch überhaupt zu empfinden vermag. Aber so schwer es ist, so hoch hebt es uns auch über jene Stufe menschlichen Daseins hinaus, auf der man nur an die möglichst bequeme und genußreiche Gestaltung seines Lebens denkt und an seine Erhaltung um jeden Preis.

Ich weiß, daß ihr mit eueren Gedanken zu Hause weilt, bei Eltern und Geschwistern, bei Weib und Kind. Ich weiß, daß euer Herz gerade in dieser Stunde mehr als sonst danach verlangt, bei ihnen zu sein. Ich weiß, daß es für euch wie für sie keine größere Weihnachtsfreude hätte geben können, als zusammen unter dem Weihnachtsbaum zu stehen. Und doch haben wir es leichter als sie. Wir sehen sie im Geiste daheim in der lichterglanzerfüllten Stube, wissen sie in der Geborgenheit der Heimat, die wir ihnen erkämpft haben, die ihnen unsere Front sichert. Weil wir hier stehen, gerade weil Millionen nicht zu Hause sind, darum können sie zu Hause noch glücklich sein. Gewiß, vielleicht ist eines unserer Lieben erkrankt, vielleicht ist manche Sorge eingekehrt, von der wir nichts wissen – aber im großen ganzen können wir doch in Ruhe und mit Freude an zu Hause denken. Sie aber wissen nichts von uns, als daß wir im Osten stehen. Sie wissen nur von der furchtbaren Kälte und den unablässigen blutigen Kämpfen. Sie wissen nicht, wenn sie an uns denken, ob wir gerade hungern, frieren, erfrieren, ob wir todkrank oder schwerverwundet liegen. Sie wissen nicht, ob uns jetzt, da die Botschaft ›Friede auf Erden und den Menschen ein Wohlgefallen‹ vielleicht neue Hoffnung, vielleicht auch die bittersten Gedanken in ihnen auslöst, nicht das Grab schon deckt. Und wie froh und zufrieden können wir auch sein – abgesehen von all den Genüssen, die uns

hier bereitet sind, viel mehr als in der Heimat möglich
wäre –, daß es uns vergönnt ist, dieses Fest zu feiern, als
befänden wir uns wirklich auf einer Insel, einer Insel des
Friedens mitten im sturmgepeitschten Meere des Krieges.

Ich kenne den einzigen Einwand, der gegen all das zu
machen ist: Warum *ist* dieser Krieg überhaupt? Warum
müssen *wir*, warum muß *ich* es gerade sein, der Weib und
Kind verlassen mußte, der zu kämpfen, zu leiden, zu bluten
und schließlich zu sterben hat?

Liebe Kameraden, wer von uns könnte, wenn er es je
gewesen sein sollte, jetzt noch im Zweifel sein, daß dieser
Krieg unvermeidbar war? Wer von uns hätte nicht seit dem
Sommer dieses Jahres die felsenfeste Überzeugung, daß der
Bolschewismus, dieses ungeheuerliche System der Volksver-
sklavung und nationalen Vernichtung, auf die Dauer an den
alten deutschen Grenzen nicht halt gemacht? Er wäre unter
allen Umständen über kurz oder lang über unser Reich
hereingebrochen, hätte ein viel größeres Meer von Blut und
Tränen, viel mehr Hunger und Marter, Not und Tod über
unser Volk gebracht als der Krieg – ein unausdenkbares
infernalisches Chaos. Wenn wir auch alle Fesseln willig
weitergetragen, alle Demütigungen als Nation von seiten
unserer anderen Feinde ehrlos hingenommen hätten und
dadurch der Krieg mit Polen, Frankreich und England mög-
licherweise vermieden worden wäre – denn ein Räuber
braucht ja schließlich keinen totzuschlagen, der ihm freiwillig und ohne Gegenwehr sein Hab und Gut ausliefert, sich
seines Rechtes und seiner Ehre entäußert –, wenn wir uns
also auch weiter unter die Knechtschaft von Versailles
gebeugt – um den Kampf mit dem bolschewistischen Ungeheuer wären wir nie herumgekommen. Dann erst recht
nicht, denn dann wären wir ja wehrlos geblieben.

Wenn wir uns dies alles klarmachen, können wir dann noch
darüber klagen: warum muß *ich* es gerade sein? Denn
könnte nicht jeder diese Frage stellen? Könnte nicht jeder
der Millionen, die hier im Osten den Schild der Heimat
bilden, sagen: ja, daß der Krieg unvermeidlich war, sehe ich

ein. Selbstverständlich muß die Heimat geschützt werden, aber *ich* will das nicht tun. Ich will meinetwegen mehr arbeiten als bisher, ich will mehr Steuern bezahlen, mit weniger Essen und Trinken zufrieden sein, aber kämpfen und sterben – nein, das will ich nicht. Das Leben ist so schön – ich will es nicht verlieren!

Ja, das könnte jeder sagen. Mit genau demselben Recht. Wer aber sollte dann die Heimat schützen? Was würde dann aus unseren Frauen und Kindern? Aus unseren Müttern, Vätern, Geschwistern? Aus unserm Hab und Gut – und schließlich aus uns selbst? Aus unserer Heimat, aus dem Reich?

Krieg ist etwas Furchtbares! Und das Leben hingeben zu müssen, ist hart. Doppelt hart, wenn man jung ist. Aber aller Kreatur Dasein ist nichts als ein unaufhörlicher Krieg, ein steter Kampf um die Erhaltung des Lebens, um die Erhaltung der Art. Er ist auch die Tragik des Menschen. Aber wir wollen es nicht vergessen: Auch im Frieden wird gestorben und – wir könnten überhaupt nicht geboren worden sein, also nie gelebt haben.

Sind wir uns so klargeworden über die Unabwendbarkeit unseres Schicksals, das nicht irgend jemandes Schuld, sondern das Gesetz ist, unter dem die Schöpfung steht, dann sind wir nicht etwa nur zwangsläufig, sondern aus eigener Bejahung das, was wir heute alle sind: Soldaten – Kameraden. Die höchste Verkörperung des Mannestums in der vollkommensten Gemeinschaft, die es auf Erden gibt, der Gemeinschaft der Waffengefährten, die Gemeinschaft derer, die Seite an Seite hungern und frieren und schwelgen, lachen und fluchen, die Seite an Seite kämpfen und fallen.

In dieser Gemeinschaft gibt es alles: Arme und Reiche, Gebildete und Ungebildete, Professoren und Kanalarbeiter, Bauern und Städter, gläubige Christen der verschiedenen Bekenntnisse und Freigeister aller Art, politische Leiter und grundsätzliche Besserwisser, Meckerer aus Dummheit, Aufwiegler aus Idealismus und Leidenschaft. Alles haben wir bei uns: Künstlernaturen und Pedanten, Gutmütige und

Händelsüchtige, immer Aufgeregte und immer Gelassene, Beständige und Wankelmütige, Bescheidene und Aufdringliche, Listige und Treuherzige, von Natur aus Tapfere und Zaghafte, Optimisten und Pessimisten, Materialisten und Idealisten und alle Temperamente in allen normalen Stärkegraden und Kreuzungen – was soll ich noch alles aufzählen? All das gibt es bei uns. Und doch nur eines: den deutschen Menschen, den deutschen Soldaten und Kämpfer. Alle Charaktere sind vertreten, alle Anschauungen, alle Berufe, alle sozialen Verhältnisse, und doch sind wir eine Einheit, ist jeder von uns nur eines: ein Stück der siebten Kompanie.

Es ist nichts Besonderes, das in guten Tagen zu sein, wie wir sie in den letzten Wochen genießen durften. Daß wir es genauso sein werden, wenn die bösen Tage kommen, dazu wollen wir uns reif und stark machen in solchen festlichen Stunden. In den Stunden der Besinnung auf unsere höchsten Werte.

Ich sehe euer Herz wie das meine. Darum weiß ich, daß ihr erfüllt seid, wie ich, von all diesen Gedanken, daß ihr die Schwere all dessen empfindet, zugleich aber auch Stolz und Glück, diese Weihnacht an dieser Stelle und in diesem Kreise feiern zu dürfen, ein Fest, wie es in seinem äußeren Rahmen und mit der Gewalt seiner Empfindungen in unserem ganzen Leben noch nie gewesen ist und wohl auch nie wieder sein wird.

So sehe ich euch alle, und so gehört ihr mir, gehöre ich euch. So gehören wir unserem Führer, gehören wir Deutschland bis zum Sieg. Und wenn ihn keiner von uns erleben wird – wir glauben an ihn, wir glauben an das Reich und unser Volk, an seine Kraft und Herrlichkeit in Ewigkeit. Deutschland, du mein Vaterland! Deutschland, Deutschland über alles!«

Wie lange hatte er gesprochen? Er weiß es nicht. Sie wissen es nicht. Er hat in sie hineingesehen, durch sie hindurchgesehen. Hat in die atemlose Stille gelauscht und das Brausen ihrer Herzen vernommen. Er weiß, daß sie gleich ihm immer wieder wie in einem Fieber vom Übermaß des Empfindens durchschauert wurden. Er hat Gesichter gesehen, die blaß waren, Gesichter, in denen brennende Glut stand. Er weiß, daß die Augen vieler nicht allein vom Licht der Kerzen so merkwürdig glänzten.

Bei seinen letzten Worten sind sie aufgestanden. Nun heben sie die Hände und singen. »Deutschland, Deutschland über alles« ... ein Chor aus tiefster Seele.

Rott lauscht und läßt die Leidenschaft seines Wortes in sich selbst verklingen. Ruhig wird sein Herz, wird sein Atem. Alles in ihm löst sich in einem Lächeln. Nie haben sie sein Gesicht so weich gesehen. Nur einmal, ein einziges Mal geht sein Blick zu Erika. Sie hat die Hände gefaltet und die Stirne ein wenig gesenkt. Ihr Antlitz spiegelt ihre Ergriffenheit.

Liebe, schöne Tabu, denkt er, und da wendet sie sich ihm zu, als ob sie seinen Gedanken gehört hätte, sieht her, sieht ihn an. Leib und Seele legt ihm ihr Blick zu Füßen. Und sein Lächeln wird so tief, wie das Glück selbst, das ihn bewegt.

»Die Fahne hoch, die Reihen fest geschlossen« ... Aus dem Hymnus wird der Sturmgesang, aus wogendem Gefühl der klare Rhythmus der Kraft.

Das Lied ist zu Ende. Da tritt Roschall vor.

»Kameraden! Laßt mich für euch alle unserem Hauptmann danken für das unvergängliche Geschenk dieser Stunde. Was wir sind, sind wir durch ihn – «

Er bricht ab. Was soll er noch sagen? Rott aber hebt sein Glas. Ruhig, ohne Pathos sagt er: »Was ihr seid, wart ihr immer schon. Vielleicht habt ihr es nicht so gewußt. Ich habe es euch gezeigt – das ist alles. Und nun soll uns Frohsinn erfüllen. Ich trinke auf das Glück und die Heimkehr der siebten Kompanie!«

Er leert sein Glas bis auf den Grund.

9. Ulrich Kai: Ein Pfundskerl

Landek sieht den Kleinen von der Seite an und mustert ihn neugierig. Der Kerl hat doch etwas auf dem Herzen. Das sieht man ihm drei Kilometer gegen Wind an. Die großen Augen sind ganz trübe – da muß doch etwas passiert sein.

»Los – sag uns was, aber steh nicht so belämmert herum!« fährt ihn Maus an. Plötzlich schluchzt Dingler auf und stützt sich an die Grabenwand. Seine Schultern beben und die Finger zittern, als er nach einer Zigarette sucht. Landek fischt eine aus seiner Brusttasche und steckt sie Dingler zwischen die Lippen. »So rauch mal. Das beruhigt. Und jetzt erzähl...«

Der Gefreite bläst den Rauch aus der Nase und wischt sich die Tränen aus dem Gesicht. Er sieht an den beiden vorbei und starrt auf das glühende Zigarettenende.

»Ach – es ist nichts weiter«, preßt er hervor und fährt mit dem Handballen über die Augen. Er gibt sich Mühe, nicht weiterzuheulen.

»Hör mal, Dingler«, beginnt Landek und stellt sich dicht vor den Jungen. »Wir sind ein komischer Haufen, nicht wahr? Das wirst du auch schon bemerkt haben. Immer vorne und immer im Dreck. Aber das eine mußt du dir merken: Wir sind so etwas wie eine Familie. Das gibt es nicht überall. Wir haben uns mächtig zusammengerauft. Und du gehörst jetzt zu uns. Wenn einer ein Wehwehchen hat, dann vertraut er sich einem Kameraden an. Diskretion Ehrensache. Und wenn man sich etwas von der Leber geredet hat, geht bekanntlich alles wieder besser. Wenn du aber alles in dich hineinfrißt, bekommst du den Frontkoller und schnappst über. Ich kannte einen, der redete während unseres Zusammenseins von drei Monaten bestimmt nicht mehr als hundert Worte. Mit Mühe und Not sagte er ›guten Morgen‹. Als er das EK I[35] bekam, weil er der beste Scharfschütze des Regiments war, und 50 Abschüsse hatte, sagte er

35. Eisernes Kreuz I. Klasse.

148

nur: ›Prost Mahlzeit‹. Dann legte er sich auf seine Pritsche und heulte. Am nächsten Morgen fanden wir ihn. Tot. Dieser Gemütsathlet hatte sich eine Handgranate unter den Kopf gelegt und abgezogen.«

Hinter der russischen HKL[36] hört man den Abschuß eines Geschützes. Die drei lauschen und ducken sich. »Paß auf, gleich rumst es!« sagt Maus und preßt sich gegen die gefrorene Grabenwand.

»Also los, Kleiner, was hast du?« bohrt Landek weiter und legt den Arm auf die Schulter des Jungen.

Dingler holt tief Luft und greift in die Manteltasche. Schweigend reicht er Landek ein Stück Papier. »Telegramm«, steht darüber. Und dann liest der Obergefreite Fritz Landek und verzieht keine Miene in seinem zerhauenen Gesicht. Und was er liest, läßt ihm das Blut in den Adern gefrieren.

»Eltern und Schwester beim Terrorangriff gefallen...«

Aus.

Landek, der die Zigarette zwischen den Lippen behält und sich nicht von der Stelle rührt, starrt Dingler aus weit aufgerissenen Augen an, als ob er nicht daran glauben kann, was auf diesem Fetzen Papier steht. Wortlos gibt er das Telegramm an Maus weiter, der ganz aufgeregt von Dingler zu Landek und von Landek zu Dingler guckt.

»Das gibt's doch nicht...« murmelt er in einer Tour. »Das gibt's doch nicht. So etwas kann doch nicht wahr sein ... nein...«

»Halt die Klappe«, knurrt Landek. »Das ist die bittere Wahrheit. Verfluchter Käse...!«

Dingler kaut nervös an einem Tabakkrümel und sieht die beiden aus verweinten Augen an. »Könnt ihr jetzt verstehen, weshalb mir beinahe schlecht geworden ist, als ich sah, wie ihr die Russen so einfach beiseite gelegt habt?«

Die beiden nicken.

»Wenn ich mir überlege, daß mein Vater...« Er bricht ab und legt seinen Kopf auf den Arm und heult los wie ein Schloßhund. Die beiden Männer lassen ihn weinen. Sie

36. Hauptkampflinie.

149

wissen, daß es hilft. Immer von der Seele weg, nur keine Schlacke zurückbehalten, sonst wird man noch verrückt.

Da kommt Feldwebel Schnurz. Als er den weinenden Dingler und die beiden Landser mit bedepperten Gesichtern beisammen stehen sieht, zieht er die Augenbrauen zusammen. Schnurz ist so etwas wie ein »Pfundskerl«. Er kann jedoch keine Rührseligkeit vertragen. Selbst Verwundete brüllt er an, wenn sie winseln. Ihm zerschmetterte ein Granatsplitter die Schulter. Ein faustgroßes Loch war dort, wo vorher Fleisch war. Wahnsinnige Schmerzen mußten ihn geplagt haben, denn er fiel von einer Ohnmacht in die andere. Aber nicht ein Ton kam über seine Lippen, die er sich wund gebissen hatte. Nur die Tränen liefen ihm über das Gesicht, Tränen, die den Schmerz lindern sollten.

Daran erinnert sich Landek, als Schnurz mit zusammengekniffenen Augen auf Dingler blickt. »Was ist denn hier kaputt? Wer macht denn hier in die Hosen? Unser Neuer?« spottet er.

Fritz Landek antwortet nicht, sondern gibt ihm das Telegramm. Schnurz liest und wird blaß. Er starrt den Jungen an und reibt sich verlegen das Kinn. Dann schiebt er sich den Stahlhelm ins Genick und sieht über den Grabenrand hinweg zu den russischen Stellungen. Er will Zeit zum Überlegen gewinnen. Denn er weiß nicht, was er dem Jungen sagen soll. Verflucht noch einmal! Eltern und Schwester tot. Wenn das einen nicht umhaut. Und ausgerechnet, wenn man so jung ist und gerade erst mit einem Bein im Leben steht. Mit dem anderen hinkt man sowieso im Massengrab.

Er tut einen tiefen Schnaufer und verzieht verlegen den Mund. Dann räuspert er sich und legt Dingler seine schwere Hand auf die Schulter. Der Kleine hebt erst jetzt den Kopf und sieht den Feldwebel an. Schnurz versucht zu lächeln. Er muß den Jungen hochreißen, muß ihn beschäftigen, damit er vergißt und abgelenkt wird. Nur nicht Zeit zum Nachdenken lassen...

»Es tut mir leid, Dingler«, sagt er mit brüchiger Stimme.

Landek und Maus spüren, daß es Schnurz schwerfällt, die richtigen Worte zu finden. »Komm, mein Junge, komm! Wir wollen nicht daran denken, was so alles in der Welt passiert. Komm ... ich möchte dir etwas erzählen.« Der Feldwebel zieht Dingler hoch und führt ihn zum Bunker.

»Ich war noch viel jünger als du, als meine Eltern starben«, beginnt er leise. »Wenn du wüßtest, wie es mir ums Herz war. Allein mit meiner kleinen Schwester ... keine Verwandten, nur ein paar Bekannte. Und das waren so arme Schlucker, daß sie nicht einmal Geld hatten, um zur Beerdigung zu kommen. Denn innerhalb von zwei Wochen starben Vater und Mutter...« Er wischte sich die Nase. »Ja – und dann kamen wir ins Waisenhaus...«

Dingler hört erst gar nicht zu, und Schnurz merkt das. Plötzlich schüttelt er ihn und schreit ihm ins Gesicht: »Weißt du, was ein Waisenhaus ist? He! Weißt du, was das heißt, zehn Jahre Waisenhaus ... zehn Jahre muffige Gesichter, zehn Jahre schwarzgekleidete Schwestern, zehn Jahre das gleiche Essen, die gleichen Klamotten, die gleiche Farbe der Schuhe, der Wäsche und der Anzüge. Und zehn Jahre nichts als Mauern, die gleichen Gebete, die gleichen Strafen...!« Er läßt Dingler los und starrt in den wolkenlosen Himmel.

Aus der Ferne beobachten Landek und Maus, was sich vor dem Bunker abspielt. Da stehen zwei Menschen, und einer spült seine Seele frei, weil er dem anderen den Mut zum Leben aufrechterhalten und vergessen machen will, daß das Schicksal sehr ungerecht und hart sein kann.

»Sei froh, Kleiner, daß du nicht ins Waisenhaus mußt«, flüstert Schnurz. »Ich habe die Zähne zusammengebissen, und wenn ich an den Gräbern von Vater und Mutter stand, habe ich am lieben Gott gezweifelt, weil er es zugelassen hat, daß mir beide genommen wurden.«

Er gibt Dingler einen leichten Schlag auf die Wange und hebt mit dem Zeigefinger dessen Kinn hoch, so daß sich beide – der Älteste und der Jüngste im Zuge – in die Augen sehen müssen.

»Es wollte mir nicht in den Kopf, daß ich meine Eltern nicht mehr sehen sollte. Aber es war so ... und es wurde nicht mehr anders. Da habe ich mir ein Ziel gesetzt: Für die Schwester, die sechs Jahre jünger war als ich, zu arbeiten. Ja – und dann rief mich eines Tages die Oberin und teilte mir mit, daß Renate gestorben wäre. Ganz plötzlich an Lungenentzündung. Zu spät erkannt...«

Schnurz schnäuzt sich laut in sein Taschentuch. Seine Stimme klingt ein wenig blechern.

»Ich haßte plötzlich alle Menschen. Aber ich sah ein, daß auch das keinen Sinn hat. So arbeitete ich. Und als der Krieg ausbrach, meldete ich mich freiwillig. Na – und jetzt bin ich hier und mein Zugführer...« Er lacht gekünstelt, und Landek hört heraus, daß es falsch klingt.

Dingler schluckt ein paarmal und nickt. »Ich ... ich«, stottert er, »... es ist so schwer. Wenn ich daran denke, daß ich sie nie wieder sehen werde ... nie ... da muß ich heulen...«

Der Feldwebel steckt sich eine Zigarette an und lacht. »Los! Mensch – heul! – Heul dich aus. Das ist das beste, was du machen kannst...« Er klopft ihm auf die Schulter und winkt mit der anderen Hand Fritz Landek heran. Mit den Augen gibt er ihm zu verstehen, daß er sich ein wenig um Dingler kümmern soll.

Der kleine Kanonenofen im Zuggefechtsstand, in dem auch die Gruppe Landek liegt, bullert die Hitze zum Schornstein hinaus. Die Holzscheite prasseln in der hellen Glut und die wohlige Wärme breitet sich zwischen den vier Wänden aus. Ein eigentümlicher Geruch von Lederfett, abgestandenem Schweiß und harzigem Holz liegt in der Luft.

Um den Tisch herum sitzen die Männer und schnitzen an Weihnachtssternen. Einer von ihnen hat eine Laubsäge irgendwo organisiert und schleppt sie schon seit Monaten mit sich herum. »Die brauchen wir noch mal«, sagte er damals. Jetzt freilich sägt er Sterne. Gestern hat er die Krippe mit den Hirten und dem friedenkündenden Engel

Gabriel ausgesägt. Den Stern mit dem langen Schweif hat er ein paarmal ausstechen müssen. Jedesmal, wenn er die letzten Zacken des Schwanzes fertig hatte, brach das feingeschnitzte Holzstückchen ab.

Andere schneiden Sterne aus Pappdeckel und überkleben sie mit buntem Papier. Die Landser sind erfinderisch und können improvisieren. Lametta aus Stanniolpapier von Zigarettenpackungen liegt ausgebreitet auf einem Brett. Engelshaar aus Angorawolle, die vom Pullover des Gefreiten Scheller stammt, der Stern für die Spitze des Baumes aus dem Boden einer Konservenbüchse und der Christbaumständer aus dem Triebwerk einer alten Nähmaschine sind schon fertig. Sogar den Baum haben sie schon ausgesucht. Er soll aber erst am Heiligen Abend geholt werden. Keine dreihundert Meter von ihrer Stellung entfernt breitet sich dichter Wald aus. Dort steht er, ihr Weihnachtsbaum.

Dingler läßt sich von seiner Seelenpein nichts anmerken. Nach der Unterredung mit Schnurz geht er in den Bunker und setzt sich zu Drescher, Krause und Mainka, die Skat spielen. Niemand schläft. Es hat auch keiner Lust dazu. Draußen klirrt die Kälte, im Bunker brennt der Ofen. Der Iwan wird bestimmt vorerst nicht mehr kommen. Und Weihnachten steht vor der Tür. Der Spieß sagte gestern, daß die ersten Päckchensendungen bereits auf dem Feldpostamt lägen. Aber Leutnant von Donnersmarck ist dafür, daß sie erst zu Weihnachten – am Vormittag – ausgegeben werden. Damit noch jeder Zeit hat, die Geschenke unter den Baum zu legen. Am Abend wird er von Bunker zu Bunker gehen und mit seinen Männern Weihnachtslieder singen.

»Los – Dingler, spiel mit!« sagt jetzt Krause und steht auf. »Ich muß mich fertig machen für die Wache.« Er gähnt und streckt sich. »War eine verdammt kurze Nacht heute«, brummt er und wirft sich die Jacke um die Schultern. »Bei dieser Kälte wagt man ja kaum, den Donnerbalken aufzusuchen«, meckert er und öffnet die Tür. Mit einem Satz ist er draußen.

Die Sonne sieht wie ein feuriger Ball hinter einer Milchglasscheibe aus. Ihre Strahlen brechen nicht durch. Aber die Gewißheit zu haben, daß sie überhaupt scheint, beruhigt. Schnurz beobachtet durch sein Glas die russischen Stellungen. Der Iwan rührt sich heute vormittag überhaupt nicht. Das ist keinesfalls ein gutes Zeichen. Die haben bestimmt wieder etwas vor.

Plötzlich zuckt er zusammen. Da stellen doch die Russen eine Leiter hinter einen Baum, und über deren Sprossen klettert ein Mann. In der Hand hält er ein Gewehr mit Zielfernrohr.

Scharfschütze!

Er läßt den Iwan nicht aus den Augen, bis dieser nicht mehr zu sehen ist. Die weiße Tarnkleidung läßt eine Unterscheidung zwischen Ast und Schützen nicht mehr zu. Schnurz weiß aber genau, daß der Scharfschütze auf dem Baum sitzt. Und schießen wird der auch gleich.

Mit einem Satz wechselt er seinen Beobachtungsstand und nimmt die anderen Bäume unter die Lupe. Mit dem Stoßtrupp hatten sie kein Glück, und so werden sie mit Scharfschützen die »Germanskis« nervös machen wollen, denkt Schnurz.

Neben dem russischen Bunker, der hinter einer dicken Balkenlage liegt – man weiß das, weil die Geschäftigkeit dort besonders groß ist – tauchen jetzt mehrere Gestalten auf. Ein Posten grüßt zackig. Hoher Besuch bei Iwans!

Schnurz könnte schießen lassen. Aber was erreicht er damit? Sekunden später würden sie von der russischen Artillerie zugedeckt werden. Bis zum Korps war man sich darum einig, nur dann zu schießen, wenn es sich tatsächlich lohnte. So wie in der letzten Nacht, als der Stoßtrupp anrobbte.

Plötzlich peitscht ein Schuß über seinen Kopf. Das war der Scharfschütze, durchzuckt es ihn.

Klatsch! Hinter ihm schlägt das Explosivgeschoß gegen einen Holzpfahl. Schnurz macht sich klein und kriecht in den Bunker zurück.

»Der Iwan hat einen Scharfschützen auf dem Baum! Vorsicht beim Hinausgehen«, sagt er und fragt, wer den Scharfschützen »abknipsen« könnte. Die Männer sehen sich an, aber niemand meldet sich.

»Keiner?« wundert er sich. Er nimmt ein Gewehr und schiebt ein Zielfernrohr auf die Haltevorrichtung. Die »scharfe Kanone«, wie der Karabiner genannt wird, hat früher dem Unteroffizier Zuchner gehört, der dann Selbstmord verübt hatte. Seit diesem Tag nimmt niemand das Gewehr gern in die Hand.

Plötzlich steht Dingler neben dem Feldwebel. »Ich werde mit Ihnen gehen«, sagt er laut. Schnurz dreht sich überrascht um, dann nickt er. »Gut, komm, Kleiner. Nimm dir auch so ein Ding, dann wollen wir den Scharfschützen suchen...« Sie tappen aus dem Bunker und kriechen in den Graben.

Der Schnee knirscht unter ihren Tritten. Kein Windhauch bewegt die Eiskristalle auf den Stacheldrähten. Im Nachbarabschnitt hämmert ein MG, und weit hinter ihnen krepiert das Geschoß eines Granatwerfers. Sonst herrscht sonntägliche Stille.

Neben dem MG-Stand kauern sie sich nieder und versuchen durch die Scharte den Baum auszumachen, auf den der Scharfschütze geklettert war. Aber Schnurz erkennt ihn nicht mehr.

»Verfluchter Mist. Jetzt weiß ich nicht mehr, wo der Bursche hochgeklettert ist«, flucht er und sucht die russischen Stellungen sorgfältig mit dem Glas ab.

»Ich werde meinen Stahlhelm nehmen«, meint Dingler und stülpt die Blechmütze auf den Gewehrlauf. Schnurz schickt ihn fünf Meter weit weg, so daß er die Schußrichtung des Scharfschützen feststellen kann.

Langsam schiebt Dingler das Gewehr hoch. Als der Stahlhelm über den Grabenrand hervorlugt, zerreißt ein Schuß die eisige Luft. Der Knall ist so widerlich, daß Dingler erschrickt und das Gewehr fallen läßt. Der Helm rollt in den Graben.

Aus dem MG-Stand guckt Schnurz mit grinsendem Gesicht. »Mensch, der hat vielleicht Zielwasser getrunken«, lacht er,

als er den getroffenen Stahlhelm auf dem Boden liegen sieht.
»Aber ich hab ihn erkannt. Paß jetzt mal auf, Kleiner!«
Oberhalb der Stirnpanzerung zerplatzte das Explosivgeschoß. Es hätte genügt, Dingler das Lebenslicht auszublasen.

»Verdammt, wenn du das Ding gegen die Rübe bekommen hättest, wärst du jetzt ein toter Mann«, sagt Schnurz und kriecht in den MG-Stand zurück.

Im Blickwinkel der Scharte liegen die Schneelandschaft und die russische HKL, hinter der ein paar Bäume stehen, deren Geäst von Granaten und Geschossen zerfleddert ist. Direkt dahinter grenzt der große, dichte Wald, der sich bis nach Rschew hinzieht.

Mit einem wehmütigen Gefühl betrachtet Dingler seinen Stahlhelm. Vom ersten Tag seines Soldatenlebens hat er ihn getragen. Und jetzt hat er ein Loch. Klar, daß er sich einen neuen besorgen muß, denn er schützt doch, so wenig angenehm das Tragen der Blechmütze ist.

Plötzlich kriecht Schnurz an ihm vorbei und winkt. »Mensch, ich hab ihn, jetzt kriegt er eine drauf.« Nun soll diesmal Dinglers Feldmütze als Köder dienen. Der Feldwebel hackt mit seinem Stiefel eine kleine Treppe in den Schnee. Er muß schnell sein, wenn er den Burschen erwischen will.

Langsam schiebt Dingler jetzt die Mütze hoch. Ein kleiner Ruck – da peitscht ein Schuß über den Graben, reißt die Mütze vom Gewehrlauf und schleudert sie zu Boden.

In diesem Augenblick drückt Schnurz den Abzug seines Gewehres durch. Er sieht den Schützen nicht – aber er weiß, daß er auf jenem Baum sitzen muß, dessen Geäst er angepeilt hat. Und gleich darauf schießt er noch einmal.

Während er durchlädt, beobachtet er den Baum. Zwischen den Ästen bewegt sich etwas. »Der hat eine bekommen«, sagt er laut und visiert das gleiche Stück noch einmal an.

Kaum hat der Schuß den Lauf verlassen, als drüben eine Bewegung entsteht. Dann fällt, fast im Zeitlupentempo, der

Scharfschütze zu Boden. Sekunden später rennen Russen herbei, um dem Getroffenen auf die Beine zu helfen.

Schnurz sieht, wie sie den Verwundeten wegtragen – da zuckt er zusammen. Neben ihm hat Dingler geschossen! Bevor er nach dem Treffer Ausschau hält, lädt der Junge bereits durch und schießt noch einmal. Der Feldwebel sieht ihn von der Seite an. Das schmale Gesicht mit den kindlichen Zügen ist plötzlich hart geworden. Der zweite Schuß bellt auf, und drüben wirft ein Russe die Arme hoch.

»Verschwinden«, ruft Schnurz. »Die hauen uns gleich die Hucke voll!« Sie hasten in den Bunker und hören schon die blubbernden Abschüsse der Granatwerfer.

»Mensch – jetzt kommt der Segen«, sagt Landek, als sie zurückkommen.

»Habt ihr ihn heruntergeholt?« fragen die anderen.

»Der Feldwebel hat's gemacht«, antwortet Dingler und stellt das Gewehr in die Ecke. Die Granatwerfergeschosse krepieren vor, hinter und neben dem Graben. Schnurz schickt einen Melder zu Leutnant von Donnersmarck und jagt die Essenholer los. »Solange die keinen neuen Scharfschützen in die Bäume setzen, können wir es wagen«, meint er und setzt sich an den Tisch, um einen Brief zu schreiben.

10. Walter Kempowski: Hitlerjunge als Kurier

Am 17. Februar wurde ich eingezogen.

»Das ist ja eine schöne Bescherung.« Den Peterpump nun auch weggeben, den kleinen Purzel, wie war das bloß zu fassen. Mit leeren Händen stand man da.

»Was?« sagte Dr. Krause, »der ist doch noch nicht mal sechzehn!«

Der Einberufungsbefehl fand sich auf dem Dachboden, neben stillgelegten Geranien, der Umschlag war geöffnet. Warum sie den wohl nicht in den Briefkasten gesteckt hatten? War das eine Schikane?

Als kasernierte Hitlerjungen sollten wir Kurierdienste für die Heinkel-Werke leisten. Wichtige Akten oder Ersatzteile holen. Auf die Post war ja kein Verlaß mehr. Jeden Brief durch Kurier besorgen lassen, dann kommt er wenigstens an.

»Kurier«, das klang nicht schlecht. Vielleicht ein extra Abteil, 1. Klasse? Irgendein Sonderabzeichen an der Uniform und Ausweise, bei denen alles spritzt? »Ich bin Kurier, würden Sie bitte öffnen!«

Unförmige Stiefel, aber eine Skimütze mit schickem Knick im Schirm. Einen dicken Pullover und einen langen warmen Mantel. Leider ohne Ärmelaufschläge, sonst hätte ich da Klopapier und Fahrkarte reinschreiben können.
Koppel mit Luftwaffenadler: Das war wichtig.
An der Mütze sollten wir das HJ-Abzeichen tragen und am Arm die Hitlerbinde.
Wir wären lieber so was wie Soldaten gewesen. Deshalb im Uniformgeschäft[37] Luftwaffenadler kaufen und gegen das HJ-Abzeichen an der Mütze tauschen. Armbinde bei jeder Gelegenheit abnehmen, die war schon recht zerknittert.

Wir wohnten in einer Schule.
»Aha! Oberschüler!« sagte der Spieß beim ersten Antreten. Auf uns freue er sich schon.
Und zu mir: Ich stünde ja da wie ein hingeschissenes Fragezeichen. Bei mir hätten sie wohl die Nachgeburt großgezogen?
Als *er* schon an der Front die Knochen hingehalten habe, da hätten wir noch als Quark im Schaufenster gelegen.

Das Haar mußte selbstverständlich sofort ab. Das hatte auch sein Gutes: Endlich Ruhe. Und: da brauchte man nicht dauernd einen Kamm mit sich herumzutragen. Wenn der Wind mal von hinten reinfuhr, wie hatte das denn ausge-

---

37. Die NSDAP verdiente an einer Ladenkette für Uniformen, die nur dort angeboten werden durften, mit allem Zubehör.

sehn! Kopf immer so seitlich neigen, damit das nicht passierte.
Und Waschen mit freiem Oberkörper. Ob wir uns auch mal die Füße wuschen, interessierte nicht.
(Da war nur 1 Waschbecken für uns sechzig, und das war gar kein Waschbecken, das war eine Trinkwasser-Zapfstelle. »Das kommt dann alles noch«, sagte der Spieß. Die Anforderung sei schon weg.)

Morgens war Schulung.
Theoretisches Tarnen. Hohlwege spielten da eine Rolle. Schützengräben im Zick-zack anlegen, damit der eingedrungene Feind da nicht einfach mit der MP entlangschießen kann, und alles ist dot. Schützenlöcher. Das richtige Anlegen von Schützenlöchern. Hinter sich möglichst eine Bodenwelle, sonst knipsen sie einem den Kopf gleich ab.
Was ein Daumensprung war, das wußten wir ja schon, aber danach fragte er nicht.

Paris, so sagte der Unteroffizier, sei gänzlich unterminiert. Überall Dynamit. Das wüßten die Einwohner gar nicht. All die schicken Pariser Mädchen (da gehe einem gleich einer ab, wenn man die sehe). Im richtigen Augenblick drücke Adolf Hitler auf einen Knopf und alles fliege in die Luft. Die kuckten vielleicht grade aus dem Fenster und dächten: die Deutschen sind wir los. Und dann: wumm!! alles im Eimer.

Ich meldete mich, da sei mal ein deutscher Kapitän gewesen, in einem englischen Lokal, der habe einen jüdischen Amerikaner zusammengeschlagen...
Fein, das könnte ich mal auf einem Kameradschaftsabend genauer ausklambüsern.

Im Osten, das wolle er uns mal ganz klar sagen, stehe es nur deswegen so schlimm – wir seien ja Männer und könnten das vertragen – weil wir die Panzer zu sorgfältig bauten: deut-

sche Wertarbeit: drinnen sogar Haken zum Aufhängen der Mützen und Feldflaschen. Kleine Emaille-Schilder: »Mütze«, »Feldflasche«.
Die Russen dagegen ließen alles roh. Die Schweißnähte nicht mal abgeschliffen. Rostig. Hauptsache, das Ding fährt.
Wenn *wir* grade dabei wären, den zweiten Panzer noch zu polieren, dann hätten die schon den dritten fertig.

Auf anderm Gebiet wär' Sorgfalt unser Gewinner. Ein nichteingebauter Türdrücker bei der Me 109, der mache gleich 10 Meter aus. Und das sei wohl auch der Grund, weshalb der Russe keine guten Flugzeuge habe. Die wüßten das eben einfach nicht. »Rata«, schon der Name so verrückt.
Unsere Forscher, die ließen sich eben Zeit. Die säßen in riesigen Laboratorien, etwa zehnmal so lang wie diese Klasse hier und sechsmal so breit und dann natürlich größere Fenster oder unterirdisch mit Ventilatoren. Und da säßen oder ständen die in weißen Mänteln und dächten sich in aller Ruhe die neuesten Waffen aus, und wenn wir schon meinten: alles ist im Eimer, dann hätten die die Waffen fertig, Säurebomben oder was weiß ich, die zerfressen Beton oder wie. Unsere Phantasie gehe eben noch ein bißchen weiter als nur Gewehre oder Flugzeuge zu erfinden. Die würden noch staunen.

Zum Mittagessen mußten wir 8 km marschieren. 4 km hin und 4 km zurück. Die Straßenbahn durfte nicht benutzt werden.

> Wo Mauern fallen
> baun sich andre vor uns auf,
> doch sie weichen alle
> unserm Siegeslauf.[38]

Immer neben den Straßenbahnschienen hermarschieren, durch die Werftgegend, an Fabriken vorbei und Lagerhallen. (Hier war nichts kaputt.)

38. ironisches Zitat eines HJ-Liedes, jetzt auf die Kriegszerstörung bezogen.

Schließlich beschwerten sich die Mütter. Die Frau des Landrats, deren Junge auch dabei war. Nach all dem Marschieren wäre ja das ganze Essen schon verbraucht.
Da kamen sie dann mit Elektrokarren.
Ob es so recht sei, bitteschön? Ob die Herren Oberschüler damit zufrieden wären, ja?
Und der Sohn des Landrats – wo ist denn diese Flasche? – der mußte extra an den Pott herantreten und auch bestätigen, daß nun alles in Ordnung sei.

Nachmittags mit Manöversprengkörpern werfen, kleine Pappwürfel, die wie richtige Granaten explodieren. »Nicht vor die Füße, das kann Verbrennungen geben.«
(Einholende Frauen schimpften über den Krach.)
Bei Nahkampf einfach in die Eier treten.

Oder wir mußten mit der Panzerfaust auf einen an die Schulhofsmauer gemalten Panzer zielen. Aber nur zielen.
Die kleine Panzerfaust auf 60 oder 80 m stellen, die große auf 120. Da hatten die ihren Wirkungsgrad. Kinderleicht.
Das sei ja gerade das Geheimnis der neuen Waffen, daß sie spielend leicht zu handhaben wären. *Schwierige* Waffen, die könnten sie sich an den Hut stecken.
Wenn man abdrücke, könne man das Geschoß richtig abwedeln sehen. Es schweiße sich in den Panzer hinein und explodiere drinnen. Das würden wir ja noch alles erleben. Bloß ein winziges Loch.
Die machten dann noch die Luke auf, halben Oberkörper raus und schon im Eimer.
Aber beim Abdrücken ja kucken, ob hinter einem frei ist: der Flammenstrahl, der aus dem Rohr herausschießt, verbrennt alles. Um Gottes willen! Das habe schon mancher bereut.
Und bloß richtig zielen. Lieber näher heranlassen. Sonst sagt der Iwan: aha! da ist ja die kleine Fliege, die mich eben so geärgert hat, fährt über das Schützenloch drüber – steh ich so richtig? muß ich noch ein wenig weiter vor? – und macht mal eben links- und rechtsumkehrt.

Er wolle sehen, ob er uns ein Ofenrohr besorgen könne. Die Dinger wären auch nicht grade feierlich.

Oder Haftladungen. »Sollt mal sehn, wie wir die Panzer noch anspringen!«[39]

In seiner Glanzzeit, da hätte es sogar noch Zweck gehabt, oben hinaufzuklettern, Luke auf und eine Handgranate rein. Das gehe jetzt nicht mehr, jetzt verriegelten sie die Luken von innen.

Er zeige uns dann noch genau, wo wir die Haftladung anbringen müßten, an den Panzern, da könnten wir ganz ruhig sein.

Den richtigen Winkel und so weiter.

Ich hatte kein Bett abgekriegt, mein Strohsack lag auf dem Boden. Zwei Decken, das war ganz gemütlich. Um 9 Uhr wurde das Licht gelöscht.

Den Kehrdreck schippten wir unter die auf dem Boden liegenden Strohsäcke.

»Was ist das?« schrie der Spieß.

»Sie haben doch gesagt: unter den *Betten* kehren, dies ist ja kein Bett, dies ist ja nur ein Strohsack«, sagte einer. »Für dich fällt der Sonntagsurlaub flach. Ist das klar?«

Andere gingen noch mal zu ihm hinein und sagten, der Kamerad habe doch recht gehabt?

»Für euch fällt der Sonntagsurlaub auch flach!«

Anfang März ging es mit den Reisen los. Wohin, war uns ganz egal, Hauptsache weit.

Einen Leinenrucksack, der auf dem Po hing und eine Decke über dem Arm.

Einer erwischte eine Reise nach Ulm. Der wurde allgemein beneidet. Ulm, da war ja das Münster.

»Nach Ulm«, das hörte sich so schön an.

39. *Panzerfaust, Ofenrohr, Haftladung:* Panzerabwehrwaffen für den Nahkampf.

Ich wäre gern mal nach Köln gefahren. Noch war der Dom nicht ganz kaputt. Obwohl die Luftpiraten erst neulich wieder auf 650 Jahre gemeinsames Bauen mit Brand- und Sprengbomben einen Anschlag verübt hatten.
Köln: das Gewölbe war ja noch 3 m höher als das von St. Marien.

»Sollt' ich das nicht«, sagte meine Mutter.
Der Kasten mit der Pfeilringseife war noch immer nicht angebrochen. »Und sieh dich vor, mein Junge! Es gibt so viele schlechte Frauen, die wollen da unten denn so machen.«

Die Züge waren so voll, daß man jedesmal dachte: nein, diesmal kommst du nicht mit. Aber von hinten wurde nachgeschoben, dann ging das.
Wenn man drinnen war, mußte man sich schon bald wieder fragen: wie kommst du hier mal wieder heraus?

Ich fuhr auf Klos, sich jedesmal rauswrögeln, wenn einer muß, (»das nützt ja nun alles nichts«), auf der Bühne, in umgebauten Güterwagen. Manchmal auch auf einem Lastwagen, wenn die Strecke gerade getroffen war.
Immer gab es Verspätungen, aber immer kam man an.

Waggons begleiten – Kanzeln für die neuen Düsenflugzeuge – oder Säcke mit Gummidichtungen hinter sich herzerren; zehn Schritt laufen, dann zurück und den nächsten holen.
Wenn die Leute sahen, wie ich da mit den Säcken angeschleift kam, hielten sie die Tür von innen zu. Bloß nicht das Zeug hier rein. Sie kuckten aus dem Fenster, als ob sie nicht wüßten, woran es liegt, daß man die Tür nicht aufkriegt.

In Truppenunterkünften, Wartesälen oder Bunkern schlafen: das machte mir Spaß. So unbequem wie möglich. Am liebsten in irgendeinem Hauseingang. Essenholer Trinks. Einmal sogar in einem Straßengraben; als ich aufwachte, war es schon Nachmittag. (Schade daß es nicht regnete: einmal bis auf die Haut durchnäßt sein und später sagen: ich hab keinen trocknen Faden mehr am Leib gehabt.)

In Neustrelitz schlief ich in einem Park. Neben mir plötzlich eine Kuh. Das war gar keine Kuh, das war ein weißer Hirsch, der gehörte zum Park des Großherzogs.

In Heidelberg ging ich zur Truppenbetreuung, die war in einem Stollen. Der Furier[40] packte gerade Marschverpflegung zusammen, Jagdwurst und Margarine. Ich bettelte ihn an, aber er gab mir nichts. Ich war ja Hitlerjunge, kein Soldat, das sah er wohl.
Ich hätte ja meine Lebensmittelkarten, sagte er, sollte ich mir doch was kaufen.
Ja, es sei aber doch Sonntag.
»Da hättste müssen früher dran denken.«
»Nur so ein kleines Stück Wurst.«
»Nein.«

Lange Spaziergänge in Berlin.
Vor der Reichskanzlei standen SA-Männer auf kleinen Holzpodesten, rotes Koppelzeug. Mußte man die grüßen? Gegenüber die Häuser alle kaputt.
Zerknautschte Denkmäler.
In der Straßenbahn ein HJ-Führer mit weißem Schal.

In der Buchhandlung am Bahnhof Friedrichstraße: »Du und die Natur«. (»Du und der Motor«, das Buch hatte ich schon.) Das würde auf der 2. Borte meines Regals gut aussehen, neben Zischka: »Erfinder brechen die Blokkade«.
Mal so 10 Stück von der Sorte haben. »Du und die Musik«, »Du und die Geschichte«. Und wenn man was wissen will, kuckt man da rein.

---

40. für Verpflegung und Unterkunft zuständiger Unteroffizier.

Dumm, daß der Chemie-Band »Die Welt in der Retorte« hieß: »Du und die Chemie«, dann hätte ich ihn auch gekauft. Da müßte man ja jedem erklären, daß der auch dazu gehört.

In einem eleganten Restaurant, mit riesigen Bildern über den Sofas, aß ich das Stammgericht für 90 Pfennig. Das gab es, wie überall, ohne Marken.

        Niemand soll hungern und frieren.[41]

Kohl, mit dicken Graupen.

Am Nebentisch zwei Mädchen und einen Tisch weiter zwei Flaksoldaten. Das Gepäck auf dem Gang, da mußten die Kellner einen Bogen drum herum machen.

Einer steht auf und fragt, ob sie »zwei beide« sich zu ihnen setzen dürften.

»Ja«, sie dürften.

Die Mädchen hatten Hüte auf mit bunten Federn.

        Die Front ist hart wie Stahl!

        Stehe auch du deinen Mann!

Rucksäcke rüberschleppen.

Dann saßen sie zu viert um den Tisch herum, Knie zusammen, höflich, stumm. Wußten nicht, was sie sagen sollten.

Ich ließ die Hälfte des Stammgerichts[42] stehen.

Ob es mir nicht geschmeckt habe, fragte der französische Kellner.

Immer wissen, wo der nächste Bunker ist.

Von Bunker zu Bunker, wie Amundsen von Depot zu Depot.

Hochbunker waren die besten. Tadellöser & Wolff.[43] Aber Stollen waren auch nicht zu verachten.

41. Propagandaslogan des Deutschen Winterhilfswerks (WHW) der NS-Volkswohlfahrt ab 1933.
42. In Lokalen ohne Abgabe von Lebensmittelmarken angebotenes Gericht von minderer Qualität.
43. Der Titel des Romans ist der Name einer damals bekannten deutschen Zigarrenfirma. Vater Kempowski benutzte ihn im Sinne von »tadellos«, als Floskel der Zustimmung.

Einmal landete ich in einem Splittergraben, dünne Beton-
platten oben drüber.
Ob man nicht, bevor es losgeht, schnell noch Erde drauf-
schütten solle? fragte einer.

In Osterode schenkte mir eine Schlachtersfrau eine halbe
Leberwurst. Ich drückte sie mir zwischen 2 Scheiben
Brot.
Hinterher Würfelzucker mit Margarine.
Zur Fabrik ging es einen langen Weg bergauf. Den wäre man
nicht gern zweimal gegangen.
Rechts neben der Straße ein kleiner Fluß.

Der Büromensch, dem ich sagte, ich müsse noch nach Wien,
kuckte die andern Leute im Büro an und schüttelte den
Kopf. »Was, nach Wien? Da ist ja schon der Russe! Das
kommt auf gar keinen Fall in Frage. Du fährst nicht nach
Wien, auf meine Verantwortung.«

Das Werk war in den Berg hineingebaut. Und in dem Berg
war auch eine Unterkunft für Reisende. Doppelstockbetten.
Ich schlief einen ganzen Tag, konnte kaum wieder wach-
werden.
Oh, das habe gutgetan, sagte ich zu dem Mann: mal so
richtig schlafen.
Da schüttelte er wieder den Kopf und kuckte die andern
Leute an und sagte, ob wir denn nicht unsere geregelte
Schlafenszeit hätten, bei der Hitlerjugend? Kinder loszu-
schicken!
Und ob wir wenigstens Sonderlebensmittelmarken bekä-
men? Nein? Na, das wäre ja herrlich. Und er lachte, als ob
er sich darüber freute.
Dann machte er Adolf Hitler nach.
        Ich brrauche keinen Tabak,
        Sie brrauchen keinen Tabak,
        wer Tabak brrraucht ist der deutsche Soldatt.

Uhnd wenn ich diesen Tabak im Garrten der
Reichskanzlei anbauen soll!
Was, hähä?

»Bleib man noch einen Tag, und dann erzählst du deinem
Führer, du hättest den Zug verpaßt.«
Ein Fräulein holte Bonbons aus ihrer Tasche.
Ich hätte lieber eine Zigarette genommen.

Sogenannte Führerloks, etwas heller angestrichen als
gewöhnliche Loks, fast braun.
Räder müssen rollen für den Sieg!
am Tender. Die Buchstaben so gemalt, als hätten sie es eilig.
Gleich hinter der Lok ein flacher Waggon mit leichter Flak,
zum Schutz gegen die schnellen doppelrumpfigen Light-
nings.
Rumkurven, und wo sich was rührt: dazwischenballern. Ein
Bauer auf dem Feld, wie der dann noch versucht wegzu-
kommen. Das spritzt immer gerade hinter oder vor ihm auf.
Dann läuft er nach links und dann wieder nach rechts.
Riesenspielzeug.
Und da hinten ein weißes Haus, so schön vornehm. Eben
mal reinhalten: bums!

Im Dörfchen Oberhaid bei Bamberg: alles raus aus dem
Zug!
Tiefflieger kamen angehuscht, schossen aber nicht.
Und die Flak schoß auch nicht. Es war doch bloß eine
Attrappe.
Wir liefen so schnell wir konnten in den nahen Wald.
Beim zweiten Anflug wurde die Lokomotive zerstört.

Als die Luft rein war, ging ich durch das Dorf. Ein schönes
Dorf, den Namen mal merken, hier müsse man im Frieden
mal herfahren. Eine Frau gab mir einen Topf Blaukraut. Ich
wußte gar nicht, was das war: Blaukraut. Wir sagten Rot-
kohl dazu.
Ich solle ihr schreiben, wie es mir geht.

Im Abteil fand ich dann meine Feldflasche, sie war von einem Schuß durchlöchert. Zu Hause würde ich natürlich sagen, ich hätte sie umgehabt.

In Mannheim/Ludwigshafen war gerade der 100. Luftangriff vorüber. Trümmer noch mal umpflügen; da steht ja noch ein Treppengeländer. Die Einwohner kriegten 50 g Bohnenkaffee aus Anlaß dieses Jubiläums und eine Sonderzuteilung von Zigaretten.
Wo hier noch Menschen lebten, war mir schleierhaft. Man sah ja überhaupt keine Häuser mehr.

Ich lief an den Rhein hinunter: wenigstens mal am Rhein gewesen. Aber schnell wieder weg, womöglich setzten sie schon zum nächsten Angriff an.
In einem Ladenkeller log ich, ich hätte den Angriff auch mitgemacht, wie es mit dem Kaffee stehe.
Diesen Angriff hätte ich wohl mitgemacht, aber nicht die andern alle.
Und in einem andern Laden sagte die Frau: »Wenn der eine A sagt, dann sagt der andere auch immer gleich A.« Die hatte ihre Erfahrungen. Was ich bloß mit 4 Pfund Salz anfangen wollte. Das gehe ja nun auch nicht. Ob ich wenigstens eine Tüte mitgebracht hätte?

In Mühlacker schien die Sonne freundlich.
Ich saß in einem Café, das war mehr so eine umgebaute Wohnstube. Als die Kellnerin mal hinausging, stand ein alter Mann auf und nahm sich ein Stück Torte vom Büffet. So mit der Hand. (Roggenmehltorte, 50 g Brotmarken.)
»Das geht aber nicht«, sagte die Kellnerin, die das sofort bemerkte, »so was müssen Sie nicht tun.«
Ihn am Ohr ziehen? Oder anzeigen, oder was?
Es war, als sänge er beim Kauen vor sich hin, wiegte sich ein wenig hin und her.
»Das tu man nicht wieder, Opa, hörst du? Nicht wieder tun, Opa?«
Jaja, er hörte.

In Plauen schwankte der Bunker wie ein Schiff, fast meter-hoch. Koffer fielen die Treppe herunter.

Zu einigen Kanadiern, die sich auch untergestellt hatten, sagte ich: »Take it easy boys, comes other times.«

Aber die rührten sich nicht. Die waren wohl schon zu abgestumpft, oder sie verstanden mein Schulenglisch nicht.

»Take it easy boys, comes other times.«

Der Wachmann verstand es auch nicht.

Auf einem völlig zerstörten Bahnhof stand gerade ein Zug nach Karlsruhe.

Warum nicht mal nach Karlsruhe fahren?

Es hatte mal einen leichten Kreuzer gegeben, der hatte auch »Karlsruhe« geheißen, den hatte Dicker Krahl besessen.

Einfach mal nach Karlsruhe fahren, wer konnte denn wissen, wann man da mal wieder hinkommt.

Hier mußten doch auch irgendwo Berge sein? Das war doch schon verdammt weit südlich?

Auf dem Bahnhof in Kiel schoben KZ-Häftlinge Kleinbahn-loren voll Mauerbrocken über die Trümmer. Ein Kapo[44] schlug sie mit einem dünnen Bambusrohr, und jedesmal schimpfte eine der mageren, gerippeähnlichen Gestalten: »Laß das!« oder so ähnlich.

Frauen mit Einholetaschen und Kopftüchern blieben stehn, Kinder. Ein Herr trat an den SS-Mann heran, der in die Gegend kuckte. Ob er denen was zu rauchen geben dürfe? Keine Antwort.

Dann zu ihnen hinaufgeklettert, fast ausgerutscht, ein Lederetui gezogen und drei, vier Zigarren (»Nur für mich?«) herausgeholt. Hinterher die Hosenbeine abgeklopft und immer wieder gekuckt, ob der Dicke da die armen Menschen wirklich schlägt.

Tatsächlich, der schlägt sie!

44. Häftlingsaufseher.

Aufwachen, wenn der Zug stehenbleibt. Was ist denn nun schon wieder los?

Die Lederriemen zum Hochziehen der Fenster waren allesamt abgeschnitten. Volksschädlinge am Werk.

Stundenlanges Stehen auf freier Strecke. Man hatte ja Zeit, aber womöglich kam man noch in Alarme hinein!

Soldaten spielten 17 + 4 auf ihrem Rucksack.

Auf der Plattform drei schweigende Inder in SS-Uniform. Subhas Chandra Bose. Einen Tiger auf dem Ärmel. »Freies Indien« und einen Turban auf dem Kopf.[45]

Das hatten die sich wohl auch anders vorgestellt.

> Achtung Verdunklung!
> Vorhänge bei Beleuchtung
> geschlossen halten.

Da hinten machte doch tatsächlich einer sein Feuerzeug an?

In Warnemünde sagten die Leute jedesmal: »Was? Jetzt kommst du erst zurück?«

Wenn ich aber von zerbombten Strecken, von Bunkern und von Lightnings erzählte, waren sie still.

Meine Mutter sagte: »Nein, was der Junge alles erlebt! Wie ein Alter. Und schön, daß du mir Salz mitgebracht hast, Peterpump.«

Bis zur nächsten Reise verging manchmal eine ganze Woche. Wir sollten uns wohl erholen.

Dann saßen wir in der Schule herum und spielten Skat und prahlten, was wir alles erlebt hätten.

»Nun mal Spaß beiseite, Ernst komm her!«

---

45. Der Inder Bose bekämpfte den britischen Imperialismus, wurde so zum Sympathisanten Hitlers wie auch manche Moslemführer.

11. Günter Eich: Inventur

Dies ist meine Mütze,
dies ist mein Mantel,
hier mein Rasierzeug
im Beutel aus Leinen.

Konservenbüchse:
Mein Teller, mein Becher,
ich hab in das Weißblech
den Namen geritzt.

Geritzt hier mit diesem
kostbaren Nagel,
den vor begehrlichen
Augen ich berge.

Im Brotbeutel sind
ein Paar wollene Socken
und einiges, was ich
niemand verrate,

so dient es als Kissen
nachts meinem Kopf.
Die Pappe hier liegt
zwischen mir und der Erde.

Die Bleistiftmine
lieb ich am meisten:
Tags schreibt sie mir Verse,
die nachts ich erdacht.

Dies ist mein Notizbuch,
dies meine Zeltbahn,
dies ist mein Handtuch,
dies ist mein Zwirn.

12. Wolfgang Borchert:
Lesebuchgeschichten

Als der Krieg aus war, kam der Soldat nach Haus. Aber er hatte kein Brot. Da sah er einen, der hatte Brot. Den schlug er tot.
Du darfst doch keinen totschlagen, sagte der Richter.
Warum nicht, fragte der Soldat.

Es waren mal zwei Menschen. Als sie zwei Jahre alt waren, da schlugen sie sich mit den Händen.
Als sie zwölf waren, schlugen sie sich mit Stöcken und warfen mit Steinen.
Als sie zweiundzwanzig waren, schossen sie mit Gewehren nach einander.
Als sie zweiundvierzig waren, warfen sie sich mit Bomben.
Als sie zweiundsechzig waren, nahmen sie Bakterien.
Als sie zweiundachtzig waren, da starben sie. Sie wurden nebeneinander begraben.
Als sich nach hundert Jahren ein Regenwurm durch ihre beiden Gräber fraß, merkte er gar nicht, daß hier zwei verschiedene Menschen begraben waren. Es war dieselbe Erde. Alles dieselbe Erde.

Generation ohne Abschied

Wir sind die Generation ohne Bindung und ohne Tiefe. Unsere Tiefe ist Abgrund. Wir sind die Generation ohne Glück, ohne Heimat und ohne Abschied. Unsere Sonne ist schmal, unsere Liebe grausam und unsere Jugend ist ohne Jugend. Und wir sind die Generation ohne Grenze, ohne Hemmung und Behütung – ausgestoßen aus dem Laufgitter des Kindseins in eine Welt, die die uns bereitet, die uns darum verachten.
Aber sie gaben uns keinen Gott mit, der unser Herz hätte halten können, wenn die Winde dieser Welt es umwirbelten.

So sind wir die Generation ohne Gott, denn wir sind die Generation ohne Bindung, ohne Vergangenheit, ohne Anerkennung.

Und die Winde der Welt, die unsere Füße und unsere Herzen zu Zigeunern auf ihren heißbrennenden und mannshoch verschneiten Straßen gemacht haben, machten uns zu einer Generation ohne Abschied.

Wir sind die Generation ohne Abschied. Wir können keinen Abschied leben, wir dürfen es nicht, denn unserm zigeunernden Herzen geschehen auf den Irrfahrten unserer Füße unendliche Abschiede. Oder soll sich unser Herz binden für eine Nacht, die doch einen Abschied zum Morgen hat? Ertrügen wir den Abschied? Und wollten wir die Abschiede leben wie ihr, die anders sind als wir und den Abschied auskosteten mit allen Sekunden, dann könnte es geschehen, daß unsere Tränen zu einer Flut ansteigen würden, der keine Dämme, und wenn sie von Urvätern gebaut wären, widerstehen.

Nie werden wir die Kraft haben, den Abschied, der neben jedem Kilometer an den Straßen steht, zu leben, wie ihr ihn gelebt habt.

Sagt uns nicht, weil unser Herz schweigt, unser Herz hätte keine Stimme, denn es spräche keine Bindung und keinen Abschied. Wollte unser Herz jeden Abschied, der uns geschieht, durchbluten, innig, trauernd, tröstend, dann könnte es geschehen, denn unsere Abschiede sind eine Legion gegen die euren, daß der Schrei unserer empfindlichen Herzen so groß wird, daß ihr nachts in euren Betten sitzt und um einen Gott für uns bittet.

Darum sind wir eine Generation ohne Abschied. Wir verleugnen den Abschied, lassen ihn morgens schlafend, wenn wir gehen, verhindern ihn, sparen ihn – sparen ihn uns und den Verabschiedeten. Wir stehlen uns davon wie Diebe, undankbar dankbar und nehmen die Liebe mit und lassen den Abschied da.

Wir sind voller Begegnungen, Begegnungen ohne Dauer und ohne Abschied, wie die Sterne. Sie nähern sich, stehen

Lichtsekunden nebeneinander, entfernen sich wieder: ohne Spur, ohne Bindung, ohne Abschied.

Wir begegnen uns unter der Kathedrale von Smolensk, wir sind ein Mann und eine Frau – und dann stehlen wir uns davon.

Wir begegnen uns in der Normandie und sind wie Eltern und Kind – und dann stehlen wir uns davon.

Wir begegnen uns eine Nacht am finnischen See und sind Verliebte – und dann stehlen wir uns davon.

Wir begegnen uns auf einem Gut in Westfalen und sind Genießende und Genesende – und dann stehlen wir uns davon.

Wir begegnen uns in einem Keller der Stadt und sind Hungernde, Müde, und bekommen für nichts einen guten satten Schlaf – und dann stehlen wir uns davon.

Wir begegnen uns auf der Welt und sind Mensch mit Mensch – und dann stehlen wir uns davon, denn wir sind ohne Bindung, ohne Bleiben und ohne Abschied. Wir sind eine Generation ohne Abschied, die sich davonstiehlt wie Diebe, weil sie Angst hat vor dem Schrei ihres Herzens. Wir sind eine Generation ohne Heimkehr, denn wir haben nichts, zu dem wir heimkehren könnten, und wir haben keinen, bei dem unser Herz aufgehoben wäre – so sind wir eine Generation ohne Abschied geworden und ohne Heimkehr.

Aber wir sind eine Generation der Ankunft. Vielleicht sind wir eine Generation voller Ankunft auf einem neuen Stern, in einem neuen Leben. Voller Ankunft unter einer neuen Sonne, zu neuen Herzen. Vielleicht sind wir voller Ankunft zu einem neuen Lieben, zu einem neuen Lachen, zu einem neuen Gott.

Wir sind eine Generation ohne Abschied, aber wir wissen, daß alle Ankunft uns gehört.

III. Arbeitsvorschläge

Deutsche Kriegsliteratur zum Ersten Weltkrieg 1914–18 (I)

1. *Georg Heym* (1887–1912) schrieb das Gedicht *Der Krieg* 1911. Kurt Pinthus nahm es 1920 in seine Expressionismus-Dokumentation *Menschheitsdämmerung* auf. Der junge Dichter ertrank zwei Jahre vor Kriegsbeginn beim Eislaufen in der Havel. Seine prophetisch beschwörende Vision des Krieges meint den Krieg schlechthin.

Arbeitsvorschläge:

– Schlußwort im Schlußvers des Gedichts ist der Name der biblischen Stadt Gomorrha. Im 18. Kapitel des 1. Buch Mose wird Abraham durch Gott die Vertilgung von Sodom und Gomorrha, ihrer übergroßen Schuld wegen, geoffenbart, im 19. Kapitel wird die Zerstörung beschrieben. Heyms Kriegsvision von 1911 erfährt damit eine metaphysische Begründung. Die Vorstellung vom Krieg als Schicksalsfügung und Gottesgericht (vgl. Albrecht Dürers Apokalyptische Reiter) trug zur fatalistischen Zeitstimmung bei, die in Europa 1914 den Krieg mit herbeiführte. Achten Sie in den folgenden Prosatexten auf Hinweise hierfür.
– Vergleichen Sie stilistisch Heyms Gedicht mit Ehrensteins Essay von 1919 (14).

2. *Ernst Glaeser* (Jahrgang 1902 – so auch der Titel des Romans, der ihn berühmt machte –, gest. 1963) beschreibt eine Kindheit und Jugend im Krieg. Dadurch, daß der Kriegstaumel aus der Sicht eines zwölfjährigen Beobachters nachträglich entlarvt wird, stellt sich beim Leser ironische Distanz ein.

Arbeitsvorschläge:

– Der Ich-Erzähler kehrt mit der Mutter bei Kriegsbeginn
  vom Urlaub aus der Schweiz zurück. Wie erinnert er sich
  an Gaston, den französischen Spielkameraden?
– Vergleichen Sie die hier beschriebene nationalistische
  Kriegsbegeisterung mit Sachdarstellungen (Geschichtsbü-
  cher) und Autobiographien von Zeitgenossen.

3. *Ernst Wiechert* (1887–1950), ab 1911 Gymnasiallehrer, im
Ersten Weltkrieg Leutnant und verwundet, kannte das preußische Gymnasium im Wilhelminischen Deutschland ebenso
wie Militär- und Kriegsdienst. Er konfrontiert rüdes und
grausames Schülerverhalten mit dem »Ernstfall« des
Krieges.

Arbeitsvorschläge:

– Schüler und Lehrer im Wilhelminischen Gymnasium (vgl.
  Heinrich Mann: *Der Untertan* und *Professor Unrat*).
– Was bedeutet der Krieg für die beteiligten Personen, was
  also für den Leser?

4. *Erich Maria Remarque* (1898–1970) schrieb den erfolgreichsten, aber schon bei Erscheinen 1929 heftig umstrittenen Kriegsroman: *Im Westen nichts Neues*. Die Nationalso-
zialisten verbrannten 1933 das Buch als pazifistisch, den
Pazifisten war der Roman immer noch zu soldatenfreund-
lich.

Arbeitsvorschläge:

– Die Episoden ergeben eine Charakteristik des Unteroffi-
  ziers Himmelstoß. Welche Eigenschaften kennzeichnen
  den Soldatenschinder?
– Himmelstoß in der Kaserne und an der Front, wo er seine
  einstigen Rekruten wiedertrifft.
– Vergleichen Sie andere Textbeispiele mit dem Gegensatz
  Front – Etappe – Heimat: Plievier (10), Scheele (11),
  Zweig (12), Köppen (13).

5. *Walter Flex* (1887–1917), Dr. phil. und kriegsfreiwilliger Reserveleutnant, im Krieg gefallen wie sein Freund Ernst Wurche, dem er hier ein verklärendes Denkmal setzte. Flex war mit seiner Kriegslyrik und dieser Erzählung der Sprecher des jugendbewegten deutschen Bildungsbürgertums. Seine pseudoreligiöse Verinnerlichung des Kriegserlebnisses steht in der Tradition patriotischer und nationalistischer Kriegsliteratur seit den Freiheitskriegen gegen Napoleon und den »Einigungskriegen«, die 1871 zur Reichsgründung in Versailles führten.

Arbeitsvorschläge:

– »Wandervogel« nannten nach 1900 vor allem bürgerliche Jugendgruppen ihre anfangs kleinen »Horden«, die Naturromantik mit Zivilisationskritik verbanden. Was bedeutet dem vom »Wandervogel« geprägten Leutnant Wurche der Krieg?
– Wie verbindet Flex jugendbewegtes Gemeinschaftsgefühl und Fronterlebnis?

6. *Josef Magnus Wehners* (1891–1973) Roman *Sieben vor Verdun* erschien 1930, ein Jahr nach Remarques *Im Westen nichts Neues*. Er gehört in die Reihe der das Fronterlebnis am Schicksal des einfachen Frontsoldaten verherrlichenden Autoren. Das Vorwort zeigt, daß sich seine Kritik gegen die Niederlage, aber nicht gegen den Krieg richtete.

Arbeitsvorschlag:

– Im Vorwort steckt Wehner den strategischen Rahmen ab, in dem seine sieben Soldaten leiden und sterben. Wie schätzt er dabei die Rolle des deutschen Generalstabschefs ein? (eine Einschätzung, die den Erkenntnissen der Kriegsgeschichte entspricht).

7. Im Stil dieses Textbeispiels produzierte der Elsässer *Paul C. Ettighoffer* (1896–1975) fünf Kriegsromane. Der Reportagestil scheint Wahrhaftigkeit oder gar Objektivität des

Berichtenden zu verbürgen. – Fort Vaux war modern wie Douaumont, aber kleiner. Es wurde vom 1. bis 10. Juni 1916 umkämpft. Major Raynal kapitulierte am 7. Juni 1916. Er erhielt 1939 ein Staatsbegräbnis.

Arbeitsvorschläge:

– Weisen Sie Nationalismus, Rassismus und Militarismus an Beispielen nach.
– Vergleichen Sie mit den Texten von Wehner (6) und Jünger (8): Der Mensch in der Materialschlacht der Westfront.

8. *Ernst Jünger* (geb. 1895) beschreibt in seinem Tagebuch *In Stahlgewittern* (Selbstverlag 1920) den Angriffsbeginn zur »Großen Schlacht« an der Westfront am 21. März 1918. Nach dem Zusammenbruch Rußlands konzentrierte die Oberste Heeresleitung alle Anstrengungen, um Durchbruch und Sieg an der seit 1914 im Stellungskrieg erstarrten Westfront zu erzwingen. Der Leutnant Ernst Jünger hatte sich dort zum Stoßtruppspezialisten im Infanteriekampf entwikkelt, war vierzehnmal verwundet und mit dem höchsten Tapferkeitsorden ausgezeichnet worden. Der auf 70 km Frontbreite südlich St. Quentin angesetzte deutsche Angriff durchstieß die Stellungen der britischen und französischen Truppen 60 km tief, doch danach reichte die Kraft nicht mehr. Im Gegensatz zur späteren »Dolchstoßlegende« (vgl. den Text von Plievier, 10) ging die militärische Niederlage dem Waffenstillstand vom November 1918 voraus.

Arbeitsvorschlag:

– Ernst Jünger, in seinem Gesamtwerk politisch und stilistisch umstritten, zuletzt noch anläßlich der Verleihung des Frankfurter Goethe-Preises (1982), gilt als der früheste und scharfsinnigste Analytiker des technischen Krieges. Man warf Jünger auch in späteren Werken inhumane Kälte, heroischen Nihilismus und Ästhetizismus vor. Beispiele! Vergleichen Sie seine Darstellung der Materialschlacht mit der von Ettighoffer (7).

9. *Erich Maria Remarque* (s. 4) gelang hier zweifellos das beste Dialogbeispiel, in dem der Krieg aus der Logik des einfachen Soldaten ad absurdum geführt wird. Das Begriffsspiel mit Kaiser, Land und Staat, beiläufig zwischen Latrinengang und Feldküchen-Mahlzeit eingeschoben, provoziert alle Kriegspropagandisten.

Arbeitsvorschlag:

– Vergleichen Sie diese Kriegskritik mit der von Plievier (10) und Köppen (13).

10. *Theodor Plievier* (1892–1955) floh mit 17 Jahren aus dem proletarischen Elternhaus, war Seemann und Vagabund, im Krieg Matrose auf der Hochseeflotte, aktiver Teilnehmer der Revolution von 1918, deren Vorzeichen er in dem Dokumentarroman über das Leben, Aufbegehren und Sterben der einfachen Heizer oder Stoker, eben »des Kaisers Kuli«, beschreibt. Plievier floh nach 1933 nach Moskau, schrieb drei dokumentarische Romane über den deutschsowjetischen Krieg und entfloh später dem Stalinismus der DDR. Seinen Roman widmete er dem Gedenken an die Matrosen Alwin Köbis und Max Reichpietsch, die am 5. September 1917 als Meuterer erschossen wurden.

Arbeitsvorschlag:

– Mit Ausnahme weniger Einsätze (z. B. Skagerrak 1916) lag die deutsche Hochseeflotte während des Krieges blokkiert in den Häfen. Auch England scheute nach Skagerrak die Entscheidungsschlacht. Vergleichen Sie das Zusammenleben von Offizieren und Soldaten bei Marine und Heer (Flex, 5; Jünger, 8).
Der Textauszug dokumentiert die Eigendynamik eines Konfliktes zwischen Vorgesetzten und Untergebenen im Vorfeld der Revolution, die später mit Matrosenaufständen im November 1918 begann.

11. *Meta Scheele* (1904–42), eine heute vergessene Autorin, beschreibt in dem Roman *Frauen im Krieg* bürgerliches Frauenleben während des Ersten Weltkrieges. Dabei stellt sie junge Frauen, dadurch daß diese sich im Beruf emanzipieren wollen, ebenso in Gegensatz zu ihren Müttern wie zu den Männern.

Arbeitsvorschläge:

– Welche kritische Absicht verbindet die Autorin mit ihrer Schilderung des Gesellschaftsabends im Hause Hart?
– Vergleichen Sie Johannas Ideale hier mit der von Zweig (12) geschilderten Realität des Schwesternalltags in einem Feldlazarett der Ostfront.

12. Auch *Arnold Zweigs* (1887–1968) russischer Sergeant Grischa stirbt wie die Wilhelmshavener Matrosen nach einem Urteilsspruch der deutschen Militärgerichtsbarkeit. Das 5. Kapitel aus dem 2. Buch, von Zweig ironisch als »Schöne Jugend« bezeichnet, läßt den irrtümlich Verurteilten Grischa beiläufig als Gesprächsmitteilung in das Leben des Oberleutnants und der Krankenschwester eintreten. Die Episode zeigt, wie es Zweig gelingt, das Einzelschicksal des gefangenen Russen in ein episch weit gespanntes Gesamtbild des Krieges und der durch ihn deformierten Menschen zu bringen.

Arbeitsvorschläge:

– Eine Liebesgeschichte, zugleich ein Kriegsbild der Etappe im Hinterland der Ostfront.
– Liebesglück, Frauenwürde – wie bringt Zweig die Zersetzung des bürgerlichen Frauenbildes erzählerisch zum Ausdruck?

13. *Edlef Köppens* (1893–1939) Roman *Heeresbericht*, 1930 im Schatten von Remarques Welterfolg erschienen, ist im Vergleich zur übrigen Kriegsliteratur ein schwieriger Roman. Der Auszug beschreibt am Heimaturlaub eines

Frontsoldaten (Reisiger) die Spannung zwischen Front und Heimat, den Widerspruch zwischen dem organisierten Krieg und der von Menschen erlittenen Wirklichkeit.

Arbeitsvorschläge:

– Köppen nimmt in dieser Urlaubsepisode Bezug auf den Film. Zeigen Sie filmische Elemente der Darstellung, denken Sie bei dieser Erzähltechnik z. B. an Alfred Döblins *Berlin Alexanderplatz*.
– Liebe und Frauenbild im Kriege: Vergleichen Sie mit den Texten von Scheele (11) und Zweig (12).

14. *Albert Ehrenstein* (1886–1950) repräsentiert mit diesem Essay von 1919 den leidenschaftlichen Pazifismus der expressionistischen Literatur. Da er sich emotional mit der humanen Utopie einer Weltverbesserung durch die Revolution verband, geriet auch Ehrensteins apolitischer Weltschmerz in die Schußlinie des Nationalismus. Ehrenstein emigrierte schon 1932. Er starb verbittert und vergessen in einem New Yorker Armenspital.

Arbeitsvorschlag:

– Ehrensteins Klage ist zugleich Anklage. Achten Sie auf die Sprachmittel, die er in seinem Essay benutzt. Sie lassen Rückschlüsse auf die geringe Wirksamkeit des expressionistischen Pazifismus zu.

Deutsche Kriegsliteratur zum Zweiten Weltkrieg 1939–45 (II)

1. *Gerd Gaiser* (1908–76), Sohn eines Pfarrers, Kunsterzieher und vielseitig gebildet, diente im Krieg als Offizier in einem Jagdgeschwader der Luftwaffe. Sein schon 1953 erschienener Kriegsfliegerroman *Die sterbende Jagd* ist ein teils begeistert begrüßter, teils heftig abgelehnter Versuch, den Krieg am Beispiel der elitären Jagdflieger zu heroisieren und zu ästhetisieren. In späteren Auflagen verstärkte Gaiser

die politische und vor allem moralische Problematik dieser Kriegstechniker. Unser Beispiel belegt lediglich die Faszination des Einzelkämpfers in der Maschine.

Arbeitsvorschläge:

– Bücher mit ähnlichen Luftkampfschilderungen sind im Buchhandel sichere Verkaufserfolge. Belegen Sie am Text, worauf diese Faszination beruhen könnte.
– Im Referat und durch Zusatzlektüre: Dieter Kühn: Luftkrieg als Abenteuer. Kampfschrift. Frankfurt a. M. 1978. (Fischer Tb. 1998.) Wie erklärt Kühn die Wirkung und den Erfolg der Kriegsfliegerbücher aus beiden Weltkriegen?

2. *Lothar-Günther Buchheim* (geb. 1918) fuhr als Kriegsberichterstatter bei U-Boot-Einsätzen im Atlantik mit. Sein erst 1973 erschienener Roman und die auf ihm aufbauende Verfilmung (1981) *Das Boot* wurden Welterfolge. Buchheim erzählt realistisch von Soldaten, die als Mannschaft eine Waffe bedienen und zugleich nur Teil dieser Waffe sind, vergleichbar Flugzeug- und Panzerbesatzungen, doch im U-Boot-Einsatz für Wochen auf engstem Raum zusammengedrängt.

Arbeitsvorschläge:

– In welchen Texten dieser Sammlung ist Krieg vor allem »Kriegstechnik«?
– Das »Waffensystem U-Boot« hierarchisiert die Mannschaft. Belegen Sie die Funktionalisierung der Soldaten, achten Sie auf den Kommandanten!
– Medienvergleich Buch – Film: Was macht der Film aus dem epischen Stoff? Warum distanzierte sich der Autor vom Film?

Zusatzlektüre: Michael Salewski: Von der Wirklichkeit des Krieges. Analysen und Kontroversen zu Buchheims »Boot«. München 1976. (dtv 1213.) (Mit Fotomaterial Buchheims.)

3. Schon 1949 war die Erstauflage von *Ernst Jüngers* Kriegstagebüchern 1941–45 in der französischen Besatzungszone
(Tübingen) möglich. Autor und Buch lösten einen literarischen Skandal aus, der sich bis zur Verleihung des Frankfurter Goethe-Preises 1982 fortsetzte. Im französischen Kul-
turkreis, dem er sich trotz zweier Weltkriege eng verbunden
fühlt, gilt Jünger als einer der größten deutschen Schriftsteller des 20. Jahrhunderts. Im literarischen Leben der Bundesrepublik scheint er nur ergebene Anhänger oder erbitterte
Gegner zu haben. Seinen Anhängern gilt er als »Seismo-
graph« der Zeitgeschichte, wie er sich in den *Strahlungen*
sah, und als ungewöhnlich gebildeter Beobachter und Stilist.
Seine Gegner werfen ihm Mitschuld am Nationalsozialis-
mus, lebenslange Offiziersallüren, heroischen Nihilismus,
Kriegsverherrlichung und kalten Manierismus bis hin zum
Edelkitsch vor. Wer immer Jünger lobt oder tadelt: er hat
Gründe für sein Urteil, doch kommt an diesem Autor
niemand vorbei, der das 20. Jahrhundert gerade aus den
Katastrophen beider Weltkriege heraus verstehen will. Im
Text beschreibt Jünger einen Frontbesuch im Kaukasus. Er
war dorthin auf eigenen Wunsch aus dem Stabsquartier in
Paris versetzt worden, um sich ein Bild von der ihm unbe-
kannten Ostfront zu machen.

Arbeitsvorschläge:

– Auch Jünger beschreibt den technischen Krieg. Verglei-
chen Sie mit Gaiser (1) und Buchheim (2).
– Klima und Naturwelt als Kriegsfaktoren.
– Wie Jünger beschreibt, macht seine umstrittene Wirkung
aus. Vergleichen Sie mit der Beschreibung der »Großen
Schlacht 1918« (I,8).

4. *Theodor Plievier* schrieb den Roman *Stalingrad* gestützt
auf sowjetische und deutsche Dokumente und nach der
Befragung von Teilnehmern an der Schlacht, die er auf
sowjetischer Seite als Augenzeuge beobachtete. So konnte
der Roman schon 1945 in der Sowjetischen Besatzungszone

Deutschlands erscheinen. In den fünfziger Jahren wurden die drei Ostfront-Romane *Moskau*, *Stalingrad* und *Berlin* auch in der Bundesrepublik bekannt. Im Stil der kritischen Reportage setzt Plievier seine Kriegskritik aus dem Ersten Weltkrieg fort. Aber wie der ganz andere Ernst Jünger ist er nicht mehr als Soldat betroffen, sondern fügt Einzelbeobachtungen an Einzelschicksalen zum Gesamtbild der Schlacht.

Arbeitsvorschlag:

– Trotz der dem Christentum und den christlichen Kirchen feindlichen Ideologie ließ Hitler die Institution der Militärgeistlichkeit bestehen. Wie rechtfertigt der Pfarrer in Stalingrad sein Amt durch sein Handeln?
– Die Episode ist bezeichnend für Plieviers unveränderte Einstellung zum Krieg und die von ihm beabsichtigte Wirkung beim Leser. Beispiele!

Sachbuch zum Thema: Janusz Piekalkiewicz: Stalingrad. Anatomie einer Schlacht. Mit 310 Fotos. München 1981. (Heyne Tb. 5905.)

5. Der im Zentralverlag der NSDAP 1942 erschienene Propagandaroman von *Heinrich Eisen* (geb. 1895) wurde in Eile auf den Buchmarkt geworfen, um die Winterkatastrophe an der Ostfront 1941/42 zu verharmlosen. Denn die Kompanie des Hauptmanns Rott, im Winterkrieg abgesprengt, ist nur im Buchtitel »verloren«. Wie in jedem Abenteuerroman sind Rott und seine Kompanie findiger »Landser« jeder Lage gewachsen und schlagen sich erfolgreich mit vielen russischen Gefangenen und reicher Beute zur deutschen Front zurück. Die ebenfalls zur Kompanie verirrte Schwester Erika sorgt hier im wilden Osten für »sex and crime«. Sie ist allgemein Objekt der Männergier und wird von einem auch sonst bösen Fähnrich vergewaltigt. Dieser Fähnrich wird gebraucht, um Erika und die Soldaten der Kompanie desto edler erscheinen zu lassen.

Arbeitsvorschläge:

- Die Episode ist kennzeichnend für das Frauenbild der NS-Kriegspropaganda. Wie deutet Schwester Erika ihr Leben?
- Erika liebt den Hauptmann Rott, aber sie schläft mit dem blinden Karlheinz. Wie wird ihr Verhalten in dieser Männerwelt begründet?
- Stilbeispiele für den Kitsch des trivialen Propagandaromans.

6. *Günter Eichs* Gedicht *Lazarett* entstammt der bereits 1948 erschienenen Sammlung *Abgelegene Gehöfte*. Neben Zeugnissen der Flucht aus dem Krieg in die Idyllik des Naturgedichts oder der Wachtpostenepisode, die auch das Soldatenvolkslied liebt, gelangen Eich einige Kriegsdarstellungen von verzweifelter Schonungslosigkeit.

Arbeitsvorschlag:

- Eine elementare Situation: Schwerverwundete im Lazarett.
  Das Entsetzen, das von der Beschreibung ausgeht, wird abgefangen durch die lyrische Form. Sie stilisiert die Verzweiflung zur Schwermut, der Grundstimmung dieser Gedichte.
  Die Verse stehen bewußt zwischen den Texten von Eisen und Konsalik.

7. *Heinz G. Konsalik* (eig. Heinz Günther, geb. 1921) nannte den Roman *Der Arzt von Stalingrad* seinen Durchbruch (1956). Seither schrieb er jährlich meistens zwei Romane, bis 1981 nach eigener Aussage 89 Bücher, übersetzt in 22 Sprachen, Gesamtauflage bis dahin 52 Millionen, doch gibt der Taschenbuchverlag allein für den *Arzt von Stalingrad* eine »Weltauflage« von 22 Millionen an. Dieser und andere Romane wurden verfilmt.
Um nicht nur negativ zu sehen, wie dieser ehemalige Kriegs-

berichter der Wehrmacht sein »Kriegserlebnis« vermarktet, sei daran erinnert, daß zur Zeit von Stalinismus und kaltem Krieg in den fünfziger Jahren sein Russenbild von vielen Lesern auch als positiv und versöhnlich angesehen wurde, obwohl die Helden, die sich um Konsaliks meistens weibliche »russische Seele« bemühen, betont kernige deutsche Männer sind.

Arbeitsvorschlag:

– Krieg, Rußland, Lazarett, Soldaten und Frauen: Konsalik mischt beliebte Stoffe des Trivialromans zum kalkulierten Bestseller.
  Der Trivialroman typisiert drastisch: Deutscher Arzt zwischen zwei Frauen.
  Frauendarstellung in Kriegsromanen: Zum Ersten Weltkrieg die Texte 2, 11, 12, 13, zum Zweiten Weltkrieg 5, 7, 10.

8. *Heinrich Eisen* beschreibt die völlig unrealistische Weihnachtsfeier einer im Winterkrieg 1941/42 in Rußland hinter der Roten Armee »verlorenen Kompanie«. Kriegsbeute macht ein üppiges Fest möglich. Das ideologische Führerprinzip der Partei verwirklicht die Kompanie als ideale »Gefolgschaft« ihres Hauptmanns. Die hier abgedruckte Durchhalterede des Hauptmanns entsprach wortgetreu der »Sprachregelung« des Dr. Goebbels im Reichsministerium für Volksaufklärung und Propaganda. Wirkliche Weihnachtsfeiern waren zweiteilig: im kurzen ernsten Teil sprach der Chef wenige Sätze, die Verteilung der Feldpost leitete zum lustigen Teil über, dessen Länge und Verlauf von der Vorratslage an »Marketenderwaren« abhing.

Arbeitsvorschläge:

– Im Gespräch Hauptmann Rotts mit dem zur Kompanie versprengten Fliegeroffizier Scherk und aus der Ansprache Rotts an die Soldaten wird das idealisierte Gemeinschaftsklischee der NS-Ideologie deutlich.

– Feindbild und Kriegsbegründung (Rußland 1942) im Sinne der NS-Propaganda in der Ansprache des Hauptmanns.

9. Der Autor, der sich *Ulrich Kai* nennt, schrieb das 37. Landserheft *Unternehmen Weihnachtsmann*, 1958 im Weihnachtsmonat erschienen, auf dem farbigen Titel markige Stahlhelmträger, ernst um ein Feldweihnachtsbäumchen versammelt. In den Heftromanen *Der Landser* wird der Krieg zum Abenteuer. Aber das Textbeispiel zeigt noch andere Absichten. Im Mittelpunkt steht Feldwebel Schnurz, selbst ein »Pfundskerl«, der einem jungen Soldaten in einer schweren Krise hilft, bis der Junge am Ende kaltblütig russische Scharfschützen »abknipsen« kann.

Arbeitsvorschläge:

– Der Soldat Dingler kann nicht mehr. Wie reagiert Landek?
– Schnurz als Soldatencharakter: Im Trivialroman erhält sich die aus den Frontromanen des Ersten Weltkrieges bekannte Heroisierung der Gruppenkameradschaft.
– Beschreibung des Tötens oder: Schnurz als Erzieher Dinglers.

10. *Walter Kempowski* (geb. 1929) montiert winzige Episoden, bisweilen zu sprachspielerischen Zitaten verkürzt, zur Collage. Zahlreiche Collagen wiederum verbindet er zum Roman *Tadellöser & Wolff*. Ein Hitlerjunge leistet 1945 Kurierdienst, weil die Fronten zum deutschen Kerngebiet vorrückten und die Verbindungen durch Fliegerangriffe gefährdet oder unterbrochen waren. Der Kurier kann als autobiographischer Erzähler im schnellen Orts- und Situationswechsel ein Stimmungsbild aus den letzten Kriegsmonaten geben. Pubertierende Gymnasiasten haben einen Hang zu Ironie und sprachspielerischer Flaxerei, Kennzeichen von Schüler- und Studentensprachen zu allen Zeiten. Dieser Stil und die unbekümmerte Schärfe der Beobachtung

schaffen eine Distanz, die das Berichtete erträglich macht, aber auch verharmlost. So sieht man die Katastrophe mit den Augen eines »Hitlerjungen Schwejk« aus Rostock, der ambivalent bleibt zwischen Pennälerlist und Heldenspielerei. Diese Haltung wird Kempowski zwar den Nazis entkommen lassen, aber nicht den neuen Herren der Sowjetzone.

Arbeitsvorschläge:

– Ein sechzehnjähriger Hitlerjunge, Februar 1945. Was hat er zu tun? Schwierigkeiten und Erfahrungen?
– Kempowski muß genau gelesen werden. Achten Sie auf Stilmittel wie: Typisierung durch Redensarten, monologisches und dialogisches Erzählen, Zitierung von zeittypischem Wortmaterial.
  Diese Sprache wirkt naturalistisch, ist in der Zitiertechnik jedoch eigene Kunstsprache.
Sachbuch zum Kriegseinsatz der Jugend: Werner Klose: Generation im Gleichschritt – Die Hitlerjugend. Oldenburg 1982.

11. Kempowski war Schuljunge, »Hitlerjunge« bei Kriegsende, das *Günter Eich* (1907–72) als Soldat wie Millionen andere im Massenlager der Gefangenschaft erlebte. Aber indem der Gefangene »überlebte«, kann er »Inventur« machen, geben ihm Bleistiftmine und Notizbuch noch und gerade jetzt die Möglichkeit des Gedichts.

Arbeitsvorschlag:

– Im Sog des Massenschicksals: Wie will das Ich sich der eigenen Identität vergewissern?
  Man sprach vom »Kahlschlag« dieser Literatursprache.

12. *Wolfgang Borchert* (1921–47), in anderen Erzählungen eher wortüppig, verkürzt »Lesebuchgeschichten« zu politischen Parabeln. Er starb am 20. November 1947, einen Tag vor der Uraufführung seines Stückes *Draußen vor der Tür*.

Als »Lost generation«, als verlorene Generation, hatten sich die jungen Intellektuellen in Paris schon nach 1918 empfunden. Der Krieg war weder 1914 noch 1939 zum reinigenden Gewitter geworden, aus dem eine bessere Welt aufblühte. Das Ende beider Weltkriege führt zur Selbstzerstörung Europas, das die Kontinuität seiner Geschichte zerbrach. Die Nachkriegsjugend nahm den Begriff der Generation nicht als übliche Lebensspanne, sondern als Ausdruck der Solidarität im Sog von Katastrophen, also nicht genetisch, sondern existentiell.

Arbeitsvorschläge:

– Verlorene Generation, Generation ohne Abschied, skeptische Generation, Generation im Gleichschritt, Generation der Unbefangenen oder zuletzt der Überflüssigen: Ordnen Sie diese Bezeichnungen der Zeitgeschichte nach beiden Weltkriegen zu.
– Vergleichen Sie diese Prosa mit der von Albert Ehrenstein (I,14), geschrieben nach dem Ersten Weltkrieg.

IV. Quellenverzeichnis

Es wurden möglichst noch erreichbare Ausgaben, z. B. Taschenbücher, zugrunde gelegt.

Deutsche Kriegsliteratur zum Ersten Weltkrieg 1914–18 (I)

1. Kurt Pinthus (Hrsg.): Menschheitsdämmerung. Hamburg: Rowohlt 1959. (Rowohlts Klassiker 55/56.) S. 79 f.
2. Ernst Glaeser: Jahrgang 1902. Kronberg i. Ts.: Athenäum Verlag 1978. S. 101–105.
3. Ernst Wiechert: Der Richter. Erzählungen und Märchen. Bielefeld u. Hannover: Velhagen & Klasing 1951. S. 55–62.
4. Erich Maria Remarque: Im Westen nichts Neues. Frankfurt a. M. u. Berlin: Ullstein 1962. (Ullstein Buch 56.) S. 22–25, 59, 63–65, 97 f. (Überschrift vom Hrsg.)
5. Walter Flex: Werke I. München: Beck 1925. S. 185–189, 191–196, 216–218. © Orion-Heimreiter Verlag, Heusenstamm.
6. Josef Magnus Wehner: Sieben vor Verdun. München: G. Müller 1930. S. 7 f.
7. Paul C. Ettighoffer: Verdun. Das große Gericht. Gütersloh: Bertelsmann 1936. S. 233–240. (Überschrift vom Hrsg.)
8. Ernst Jünger: In Stahlgewittern. Stuttgart: Klett-Cotta 1981. S. 256–261, 276–281.
9. Erich Maria Remarque (s. 4), S. 143–147. (Überschrift vom Hrsg.)
10. Theodor Plievier: Des Kaisers Kuli. Köln: Kiepenheuer & Witsch 1981. S. 284–290. (Überschrift vom Hrsg.)
11. Meta Scheele: Frauen im Krieg. Roman. Gotha: Klotz 1930. S. 58–68. (Überschrift vom Hrsg.)
12. Arnold Zweig: Der Streit um den Sergeanten Grischa. Frankfurt a. M.: Fischer Taschenbuch Verlag 1972. (Fischer Taschenbuch 1275.) S. 104 bis 108.
13. Edlef Köppen: Heeresbericht. Reinbek bei Hamburg: Rowohlt Taschenbuch Verlag 1979. (rororo 4318.) S. 147–151. © Scriptor Verlag, Kronberg i. Ts. (Überschrift vom Hrsg.)
14. Albert Ehrenstein: Den ermordeten Brüdern. Zürich: Rascher 1919. S. 30 f.

Deutsche Kriegsliteratur zum Zweiten Weltkrieg 1939–45 (II)

1. Gerd Gaiser: Die sterbende Jagd. Bergisch Gladbach: Bastei-Lübbe 1977. (Bastei-Lübbe-Taschenbuch 12 035.) S. 129–132. (Überschrift vom Hrsg.)
2. Lothar-Günther Buchheim: Das Boot. München: Deutscher Taschenbuch Verlag 1976. (dtv. 1206.) S. 226–238. © 1973 Piper Verlag, München. (Überschrift vom Hrsg.)

3. Ernst Jünger: Strahlungen. Tübingen: Heliopolis Verlag 1949. S. 235–242.
4. Theodor Plievier: Stalingrad. München: Goldmann 1975. (Goldmann Taschenbuch 3643.) S. 152–155. (Überschrift vom Hrsg.)
5. Heinrich Eisen: Die verlorene Kompanie. München: Zentralverlag der NSDAP Franz Eher Nachf. 1944. S. 320–323. (Überschrift vom Hrsg.)
6. Günter Eich: Abgelegene Gehöfte. Frankfurt a. M.: Suhrkamp 1968. (edition suhrkamp 288.) S. 18 f.
7. Heinz G. Konsalik: Der Arzt von Stalingrad. München: Heyne 1981. (Heyne Taschenbuch 847.) S. 101–106. (Überschrift vom Hrsg.)
8. Heinrich Eisen (s. 5), S. 396–405. (Überschrift vom Hrsg.)
9. Ulrich Kai: Unternehmen Weihnachtsmann. Der Landser Nr. 37. Rastatt: Pabel 1958. S. 13–18. (Überschrift vom Hrsg.)
10. Walter Kempowski: Tadellöser & Wolff. München: Hanser 1971. S. 429–441. © 1978 Albrecht Knaus Verlag, Hamburg. (Überschrift vom Hrsg.)
11. Günter Eich (s. 6), S. 38 f.
12. Wolfgang Borchert: Das Gesamtwerk. Hamburg: Rowohlt 1949. S. 357, 71–73.

V. Literaturhinweise

Denkler, Horst / Prümm, Karl: Die deutsche Literatur im Dritten Reich. Stuttgart 1976.

Erdmann, Karl Dietrich: Der Erste Weltkrieg. München 1980. (dtv Wissenschaft 4218.)

Gruchmann, Lothar: Der Zweite Weltkrieg. München 1979. (dtv Weltgeschichte 4010.)

Klose, Werner: Kriegsromane. In: Jakob Lehmann (Hrsg.), Deutsche Romane von Grimmelshausen bis Walser. Königstein i. Ts. 1982. S. 289–308.

Kocka, Jürgen: Klassengesellschaft im Krieg. Deutsche Sozialgeschichte 1914–1918. Göttingen 1978.

Prümm, Karl: Die Literatur des soldatischen Nationalismus der zwanziger Jahre. 1918–1933. 2 Bde. Kronberg i. Ts. 1974.

Rüter, Hubert: Erich Maria Remarque: Im Westen nichts Neues. Ein Bestseller der Kriegsliteratur im Kontext. Paderborn 1980.

Vondung, Klaus (Hrsg.): Kriegserlebnis. Der Erste Weltkrieg in der literarischen Gestaltung und symbolischen Deutung der Nationen. Göttingen 1980.

Wagener, Hans (Hrsg.): Gegenwartsliteratur und Drittes Reich. Stuttgart 1977.

Werth, German: Verdun. Die Schlacht und der Mythos. Bergisch Gladbach 1982. (Bastei-Lübbe-Taschenbuch 65 041.)